Von wilden Kräutern & beerigen Zeiten

EIN KLIMAFREUNDLICHES KOCH- UND LESEBUCH

Gewidmet ist dieses Buch unseren Kindern und Kindeskindern
und all jenen, die heute für eine lebenswerte Zukunft in einer
intakten Umwelt auf die Straße gehen.

Inhaltsverzeichnis

Unsere aromatischen Zutaten
DIE IDEE ZUM GEMEINSAMEN KLIMAFREUNDLICHEN KOCH- UND LESEBUCH

Klimafreundlich kochen, ist das möglich? Ja, wenn wir dabei ein wenig über unseren Tellerrand blicken und gleichzeitig darauf achten, was auf unsere Teller kommt: Wo und wie unser Essen erzeugt wird, wie es in unserer Küche landet, aber auch wie wir es zubereiten oder was davon wir wegwerfen, hat enorme Auswirkungen auf unser Klima.

Im Umkehrschluss heißt das aber auch, dass wir – wenn wir ein paar wesentliche Aspekte beachten – selbst viel zum Klimaschutz beitragen können. Was aber sind die Hebel, die wir betätigen müssen? Oder – im Küchenjargon gefragt: Auf welche „Zutaten" kommt es an?

Gemeinsam mit ExpertInnen des Forschungsinstituts für biologischen Landbau, von DIE UMWELT-BERATUNG und dem WWF Österreich haben wir die für uns wichtigsten Kriterien definiert. Diese Kriterien lieferten die Basis für unseren Rezeptwettbewerb: Alle, die gerne den Kochlöffel schwingen, waren eingeladen, klimafreundliche Rezepte einzureichen und ihr Wissen mit uns zu teilen. Die Rezepte sollten nicht nur möglichst vielfältig sein, sondern auch zwei Voraussetzungen erfüllen:

REGIONALITÄT	
Die Regionalität der verwendeten Produkte ist eines der klimarelevantesten Kriterien. Daher mussten – wenn nicht alle – zumindest drei Viertel der Zutaten in den Rezepten regional verfügbar sein (Gewürze und Öle ausgenommen).	**mind. 3/4** regionale Zutaten

Darüber hinaus musste mindestens eines dieser Kriterien zutreffen:

OBST ODER GEMÜSE	VEGETARISCH ODER VEGAN	GETREIDEPRODUKTE
Frisches Obst oder Gemüse machen mehr als die Hälfte der Zutaten des Rezeptes aus.	Das Rezept ist vegetarisch oder vegan.	Die Hauptzutat im Rezept sind Getreideprodukte.

Das Interesse am Wettbewerb war – trotz dieser Anforderungen – groß und verdeutlicht, dass das Thema vielen ein Anliegen ist. Über 100 Rezepte wurden eingereicht: geschmackvolle Vorspeisen ebenso wie aromatische Hauptgerichte und raffinierte Desserts mit saisonalen Früchten. Und all das gespickt mit cleveren Tipps zu energiesparendem Kochen oder zur Haltbarmachung von Lebensmitteln.

Nicht nur die Vielfalt der Gerichte, sondern auch jene der einreichenden Personen und Institutionen hat uns sehr gefreut: Lehrerinnen und Lehrer aller Schultypen thematisierten die klimafreundliche Küche in ihrem Unterricht und machten sich gemeinsam mit ihren Schülerinnen und Schülern auf die Suche nach entsprechenden Rezepten. Darüber hinaus reichten auch Pädagogische Hochschulen, das Ländliche Fortbildungsinstitut, Einrichtungen der Kirche, Seminarbäuerinnen, Diätologinnen, Naturparks, Profiköche, junge Bloggerinnen und zahlreiche interessierte Privatpersonen ihre klimafreundlichen Lieblingsrezepte ein.

Diese Bandbreite stellte unsere Jurorinnen und Juroren, die es sich nicht leicht machten, vor die Qual der Wahl. Da ein klimafreundliches Kochbuch immer auch ein saisonales Kochbuch sein sollte, wurde letztendlich auch auf eine Ausgewogenheit innerhalb der einzelnen Saisonen geachtet. Die vorgestellten Rezepte beweisen jedenfalls, dass klimafreundliches Kochen nicht nur ein besseres „Ernährungsgewissen" macht, sondern auch vielfältig ist und hervorragend schmeckt. Übrigens: Auch Fleisch ist erlaubt, aber mit Maß und in guter Qualität. Alles andere liegt nicht nur schwer im Magen, sondern belastet auch unsere Umwelt besonders stark.

Im Kapitel „Nachgefragt & mitgedacht" teilen ExpertInnen vom Forschungsinstitut für biologischen Landbau, vom WWF Österreich und von DIE UMWELTBERATUNG ihre Einschätzung zu verschiedenen Aspekten einer klimafreundlichen Ernährung. Weil Klimabewusstsein nicht beim Einkauf und Kochen endet, sondern untrennbar mit dem Thema Lebensmittelverschwendung verbunden ist, ist auch dieser ein eigener Beitrag gewidmet. Darüber hinaus gibt's zahlreiche Tipps zur Resteverwertung und im Kapitel „Schnell gehext & eingekocht" unter anderem eine praktische Anleitung, wie man aus Küchenresten neues Leben entstehen lassen kann.

Wir hoffen, dass Sie sich die eine oder andere Anregung mitnehmen können! Eine eindeutige Gebrauchsanweisung für Ihren nächsten Einkauf können wir leider nicht mitliefern, denn in vielen Fällen gibt es die eine klare Antwort leider nicht. Gabriele Homolka bringt es auf den Punkt: „Ich denke, die Kaufentscheidung ist jedes Mal ein persönliches Abwiegen der eigenen Qualitätskriterien: Saisonal. Bio. Regional. Unverpackt. Fair. Wenn ein Kriterium nicht erfüllbar ist, dann hoffentlich ein anderes oder mehrere andere."

Viel Freude beim Nachlesen und Kochen wünschen
Corinna Domenig, Karin Schneeweiss und Rebecca Zeilinger
aus dem Team des FORUM Umweltbildung

Vorwort

ODER: DIE THEORETISCHE BASIS FÜR DAS BUCH

20 % aller CO_2-Emissionen entstehen durch die Lebensmittelerzeugung und unsere Ernährung. Das ist beachtlich, gleichzeitig aber auch eine große Chance für jede und jeden von uns, Verantwortung zu übernehmen und an einer Veränderung zum Positiven mitzuwirken. Die weltweiten Ressourcen sind begrenzt und müssen für alle Menschen unseres Planeten ausreichen. Vor diesem Hintergrund wurde im September 2015 die Agenda 2030 mit ihren 17 „Globalen Zielen für nachhaltige Entwicklung" – auch Sustainable Development Goals (SDGs) genannt – beschlossen:[1] 195 Staaten haben sich dabei verpflichtet, diese Ziele zu erreichen, damit sich die weltweite Entwicklung in allen Bereichen unseres Lebens bis zum Jahr 2030 so gestaltet, dass alle von nun an und in der Zukunft gut leben können. Das Nachhaltigkeitsziel „Maßnahmen zum Klimaschutz" ist – u.a. neben „Kein Hunger", „Gesundheit und Wohlergehen" oder „Verantwortungsvolle Konsum- und Produktionsmuster" – nur eines von vielen, die ganz unmittelbar im Zusammenhang mit unseren Ernährungsgewohnheiten stehen.

GESUNDE ERNÄHRUNG FÜR MENSCH UND ERDE

Die gute Nachricht ist: Es gibt eine Ernährung, die nicht nur gesund für uns Menschen, sondern auch für unseren Planeten und damit ganz im Sinne der Agenda 2030 ist! Zu diesem Schluss kam das internationale Forscherteam der renommierten EAT-Lancet-Kommission in ihrer groß angelegten Forschungsarbeit[2], dessen Bericht im Jänner 2019 veröffentlicht wurde und der brandaktuell war, als wir mit der Recherche für dieses Kochbuch begannen: 37 WissenschafterInnen aus 16 Nationen und mit unterschiedlichen Forschungsschwerpunkten setzten sich im Rahmen ihrer Studie mit der Frage auseinander, wie ein solcher Speiseplan auszusehen habe. Das Ergebnis ist die „Planetary Health Diet". Diese „Planetary Health Diet" steht für eine Ernährung, die die natürlichen Grenzen und Ressourcen unseres Planeten berücksichtigt, u.a. Zivilisationskrankheiten vorbeugt und auch im Jahr 2050 eine gesunde und nachhaltige Ernährung für die gesamte Weltbevölkerung sicherstellen soll. Viele der Forderungen und Empfehlungen sind per se nicht neu. Das Besondere an der „Planetary Health Diet" aber ist, dass Mensch und Umwelt gleichermaßen berücksichtigt werden, zumal der vorgeschlagene Speiseplan – laut den AutorInnen – eine Win-Win-Situation für beide darstellen soll.

DIE „PLANETARY HEALTH DIET" AUF DEN TELLER GEBRACHT

Die täglichen Vorgaben der Planetary Health Diet sehen folgendermaßen aus:

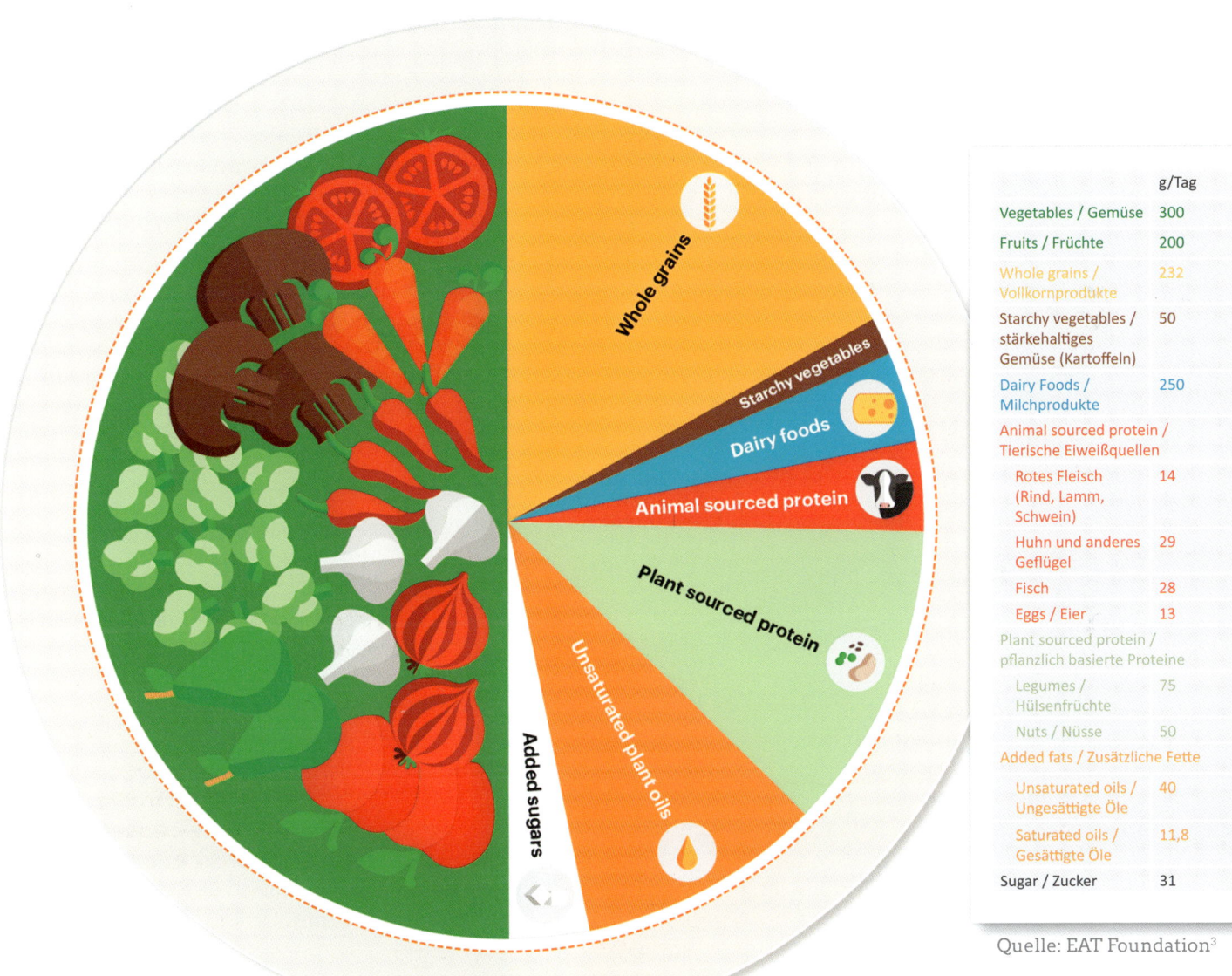

	g/Tag
Vegetables / Gemüse	300
Fruits / Früchte	200
Whole grains / Vollkornprodukte	232
Starchy vegetables / stärkehaltiges Gemüse (Kartoffeln)	50
Dairy Foods / Milchprodukte	250
Animal sourced protein / Tierische Eiweißquellen	
Rotes Fleisch (Rind, Lamm, Schwein)	14
Huhn und anderes Geflügel	29
Fisch	28
Eggs / Eier	13
Plant sourced protein / pflanzlich basierte Proteine	
Legumes / Hülsenfrüchte	75
Nuts / Nüsse	50
Added fats / Zusätzliche Fette	
Unsaturated oils / Ungesättigte Öle	40
Saturated oils / Gesättigte Öle	11,8
Sugar / Zucker	31

Quelle: EAT Foundation[3]

Bei den angegebenen Zahlen handelt es sich um tägliche Durchschnittswerte, die auf den ersten Blick vermutlich für so manche Verwirrung sorgen. Hochgerechnet auf eine Woche können sie allerdings als wertvolle Orientierung für das gelten, was idealerweise im Laufe von sieben Tagen auf unseren Tellern landen sollte. Den AutorInnen der Studie ist es zudem ein großes Anliegen zu vermitteln, dass es nicht die eine ideale Ernährung gibt. Vielmehr sei das Ziel gewesen einen Referenz-Speiseplan zur Verfügung zu stellen, der für jede Ernährungsweise auf der ganzen Welt angepasst werden kann.

Zusammengefasst lässt sich sagen: Es geht der EAT-Lancet-Kommission nicht nur um grundlegende Aspekte der Lebensmittelproduktion und -verschwendung, sondern um eine langfristige Ernährungsumstellung, in der der Gemüseanteil massiv gesteigert werden sollte und Obst, Nüsse sowie Hülsenfrüchte in größeren Mengen verzehrt werden sollten. Der Konsum von tierischen Produkten oder Zucker ist zwar nicht verboten, sollte aber – so die ExpertInnen – doch stark reduziert und, nicht zuletzt dank hochqualitativer Produkte, bewusster genossen werden.

In diesem Koch-und Lesebuch stellen wir abwechslungsreiche Gerichte vor, die diesem Referenz-Speiseplan gerecht werden und Kindern und Erwachsenen gleichermaßen schmecken. Darüber hinaus wollen wir dank zahlreicher Tipps und Tricks aufzeigen, wie man ohne viel Aufwand und mit viel Genuss den eigenen (Koch)alltag klimafreundlicher gestalten kann.

Klimafreundlich aufgetischt
ANLEITUNG ZUR BENÜTZUNG DES KOCH- UND LESEBUCHES

Die ausgewählten Rezepte und Fotos bilden das Herzstück dieses Koch- und Lesebuches. Die ausgewählten Rezepte wurden von Schülerinnen und Schülern der HLTW13 Bergheidengasse – tatkräftig unterstützt von ihren Lehrern Alexander Höss-Knakal und Mario Kisielewski – nachgekocht und ansprechend angerichtet. Mit einer Prise Pfiff und viel Gefühl für die richtige Stimmung wurden die Gerichte von der Foodfotografin Sonja Priller abgelichtet.

Da die Regionalität der verwendeten Produkte eines der relevantesten Kriterien der klimafreundlichen Küche ist, kann ein Klima-Kochbuch, wie wir finden, nur ein Saison-Kochbuch sein. Unsere Grafikerin Irmgard Stelzer hat sich also für jede Saison ein passendes Symbol überlegt, das auf dem Rezept abgebildet ist. Innerhalb der einzelnen Saisonen wurden die Rezepte unterteilt in Vorspeise, Hauptspeise und Nachspeise. Diese Informationen sind genauso auf einen Blick erfassbar wie die Allergene, die Anzahl der Portionen oder der Hinweis, ob es sich um ein veganes, ein vegetarisches oder ein Gericht mit Fleisch handelt.

Und wer wissen will, welche Zutaten wann verfügbar sind, sieht am besten im Saisonkalender im Anhang nach.

Die AutorInnen der Rezepte hatten die Möglichkeit, auch persönliche Geschichten oder besondere Küchengeheimnisse zu verraten. Diese finden Sie im Buch verteilt, genauso wie den einen oder anderen ExpertInnen-Tipp – allen voran von Andrea-Vaz König, die es sich zur Aufgabe machte, pflanzliche Alternativen für möglichst viele Rezepte zu (er)finden.

Übrigens: Gemeinsam zu kochen und zu essen verbindet, macht Spaß und spart CO_2. Am besten also gleich ein paar FreundInnen einladen oder die KollegInnen im Büro mit einem mitgebrachten Mittagessen überraschen. Das soll sich auch sehr positiv auf das Betriebsklima auswirken!

LEGENDE FÜR DIE REZEPTE

EL	Esslöffel
TL	Teelöffel
KL	Kaffeelöffel
Msp.	Messerspitze
Pkg.	Packung
TK	Tiefkühl

1 Prise Salz	Die Menge, die man zwischen Daumen und Zeigefinger fassen kann.
1 Becher	Die Menge, die in ein ca. 250ml großes Gefäß (Häferl, Becher) passt.
Gekochte Hülsenfrucht	Vorgegarte Hülsenfrucht aus der Dose oder aus dem Glas
Blanchieren	Kurz in kochend heißes Wasser geben, abseihen und sofort mit kaltem Wasser abschrecken.

Bei den Rezepten ist jeweils der Schwierigkeitsgrad in Form des für die Saison ausgewählten Symbols angegeben: Der Paradeiser repräsentiert den Sommer.

1 Paradeiser		leicht	keine Kocherfahrung notwendig
2 Paradeiser		mittel	etwas Kocherfahrung notwendig
3 Paradeiser		schwer	viel Kocherfahrung notwendig

DIE 14 WICHTIGSTEN ALLERGENE[4]

A	Glutenhaltiges Getreide, namentlich Weizen (wie Dinkel und Khorasan-Weizen), Roggen, Gerste, Hafer oder Hybridstämme davon, sowie daraus hergestellte Erzeugnisse
B	Krebstiere und daraus gewonnene Erzeugnisse
C	Eier und daraus gewonnene Erzeugnisse
D	Fische und daraus gewonnene Erzeugnisse
E	Erdnüsse und daraus gewonnene Erzeugnisse
F	Sojabohnen und daraus gewonnene Erzeugnisse
G	Milch und daraus gewonnene Erzeugnisse
H	Schalenfrüchte: Mandeln, Haselnüsse, Walnüsse, Cashewkerne, Pekannüsse, Paranüsse, Pistazien, Macadamia- oder Queenslandnüsse sowie daraus gewonnene Erzeugnisse, außer Nüssen zur Herstellung von alkoholischen Destillaten einschließlich Ethylalkohol landwirtschaftlichen Ursprungs
L	Sellerie und daraus gewonnene Erzeugnisse
M	Senf und daraus gewonnene Erzeugnisse
N	Sesamsamen und daraus gewonnene Erzeugnisse
O	Schwefeldioxid und Sulfite in einer Konzentration von mehr als 10 mg/kg oder 10 mg/l als insgesamt vorhandenes SO_2
P	Lupinen und daraus gewonnene Erzeugnisse
R	Weichtiere (z. B. Schnecken, Austern und Muscheln) und daraus gewonnene Erzeugnisse

NACHGEFRAGT & MITGEDACHT

Hier ist alles bio(logisch)
ODER: WARUM NACHHALTIGER GENUSS BIO SEIN SOLLTE

Ob auf dem Markt oder in den Supermärkten, ob im kleinen Lokal ums Eck oder im Haubenrestaurant – immer mehr Bioprodukte werden heutzutage verkauft und verkocht. Mit gutem Grund, wie die ExpertInnen Dr.in Theres Rathmanner und DI Reinhard Geßl vom Forschungsinstitut für biologischen Landbau finden. Sie sprechen im folgenden Interview über die Vorteile des biologischen Landbaus und schildern, warum wir stets – wenn wir die Wahl haben – bei unseren Lebensmitteln zur Bio-Variante greifen sollten.

Dr.in Theres Rathmanner ist Ernährungs- und Gesundheitswissenschaftlerin und seit 2014 am Forschungsinstitut für biologischen Landbau, FiBL. Sie leitet die Schule des Essens, ein innovatives Ernährungsbildungskonzept, das SchülerInnen die nachhaltige Ernährung auf freud- und genussvolle Weise näherbringt. Außerdem ist sie Teil der Arbeitsgruppe Nachhaltige Ernährungssysteme.

DI Reinhard Geßl ist Agrarwissenschaftler und Bio-Tierhaltungsexperte und seit 2008 am FiBL. Er ist Leiter der Arbeitsgruppe Nachhaltige Ernährungssysteme, deren Hauptanliegen es ist, wissenschaftlich fundierte Bio-Info konsumentInnengerecht aufzubereiten, und die die Infoseite bio-wissen.org betreibt.

WOFÜR STEHT BIOLOGISCHER LANDBAU?

Bio ist eine Landwirtschaftsform, die in zwei EU-Verordnungen klar geregelt ist. Bio wird streng kontrolliert und kann mit einem einzigen Zeichen einfach und eindeutig identifiziert werden: Das EU-Bio-Zeichen gibt die Garantie, dass ein Lebensmittel biologisch hergestellt wurde.

Der weltweite Dachverband der Bio-Verbände IFOAM definiert Bio in vier Prinzipien:

1. GESUNDHEIT: Bio-Landbau soll die Gesundheit des Bodens, der Pflanzen, der Tiere, des Menschen und des Planeten als ein Ganzes und Unteilbares bewahren und stärken.
2. ÖKOLOGIE: Bio-Landbau soll auf lebendigen Ökosystemen und Kreisläufen aufbauen, mit diesen arbeiten, sie nachahmen und stärken.
3. GERECHTIGKEIT: Bio-Landbau soll auf Beziehungen aufbauen, die Gerechtigkeit garantieren im Hinblick auf die gemeinsame Umwelt und Chancengleichheit im Leben.
4. SORGFALT: Biologische Landwirtschaft soll in einer vorsorgenden und verantwortungsvollen Weise betrieben werden, um die Gesundheit und das Wohlbefinden der jetzigen und folgenden Generationen zu bewahren und um die Umwelt zu schützen.

Damit wird deutlich: Bio ist nicht nur etwas, das Produkte auszeichnet, sondern auch ein Prozess. Bio-Lebensmittel stammen aus biologischer Landwirtschaft und diese arbeitet anders als die herkömmliche: nämlich mit dem Anspruch, Umwelt, Tier und Mensch gut zu behandeln.

Weltweit ist die Lebensmittelproduktion mit rund 30 % am Klimawandel beteiligt.[5] Ein Großteil der Treibhausgase entsteht bei der landwirtschaftlichen Produktion: Intensive, flächenunabhängige Tierhaltung, Produktion und der Einsatz mineralischer Stickstoffdünger sowie Landnutzungsänderungen – also die Umwandlung von Grünland, Wald oder Tropenwald in Ackerland – sorgen für hohe Treibhausgasemissionen. Allein die Produktion der 125 Mio. Tonnen Stickstoffdünger, die weltweit pro Jahr erzeugt werden, setzen 800 Mio. Tonnen CO_2 frei. Bei einem Umstieg der österreichischen Landwirtschaft auf 100 % Biolandbau könnte nur durch den damit verbundenen Verzicht auf die Herstellung schnelllöslicher mineralischer Stickstoffdünger pro Jahr fast eine 1 Mio. Tonnen CO_2 eingespart werden. Dieser Verzicht auf mineralische Stickstoffdünger, die Bindung großer Mengen an CO_2 im Boden durch Humusaufbau, eine tiergerechte Haltung sowie der sparsame Einsatz nicht erneuerbarer Ressourcen tragen zur guten Klimabilanz des Biolandbaus bei: Durch biologische Bewirtschaftung können folglich bis zu 60 % an klimarelevanten CO_2-Emissionen eingespart werden. Argument genug, die Lösungskompetenz der Biolandwirtschaft in der aktuellen Klimadebatte verstärkt zu berücksichtigen.

WO HAT BIO NOCH DIE NASE VORN?

Biologische Landwirtschaft trägt dazu bei, fruchtbare Böden zu schützen und die Artenvielfalt zu erhalten. Zudem wird das Grundwasser geschont und nicht mit Kunstdünger, Nitrat oder Pestiziden belastet. Im Bio-Bereich werden Nutztiere artgemäß gehalten, sie haben Auslauf ins Freie und Beschäftigungsmaterial.

Es gibt leider überall schwarze Schafe. Deshalb kann Betrug auch im Bio-Bereich nicht gänzlich ausgeschlossen werden. Dennoch: Es gibt kein Produktionssystem, das so streng kontrolliert wird wie Bio. Was Bio bedeutet, ist gesetzlich geregelt und wird streng kontrolliert. Die zwei geltenden EU-Bio-Verordnungen[6] regeln Produktion, Verarbeitung, Kontrolle und den Import von Bio-Produkten im gesamten EU-Raum. 2021 wird eine neue Basisverordnung in Kraft treten. Wer Bio produziert, verarbeitet, verkauft und bzw. oder importiert, hat sich an diese Gesetze zu halten. Kontrolliert wird jährlich und bei Übertretungen folgen entsprechende Sanktionen. Über diese gesetzlichen Regelungen hinaus haben viele Bio-Verbände (z. B. Bio-Austria, Demeter), Handelsmarken (z. B. Ja! Natürlich, Natur pur, Zurück zum Ursprung) und die AMA-Marketing GesmbH teilweise weitaus strengere Richtlinien, die alle einhalten müssen, die das jeweilige Logo tragen. Bio-Produkte sind verlässlich am EU-Biozeichen erkennbar, das auf der Verpackung von Bio-Lebensmitteln zu finden sein muss. Zusätzlich kann ein Produkt das Logo eines Verbandes, einer Handelsmarke und bzw. oder der AMA-Marketing tragen.[7]

IST EINE AUSSCHLIEßLICH BIOLOGISCHE BEWIRTSCHAFTUNG DENKBAR ODER EINE VISION?

Dazu gibt es mittlerweile genug Forschungsergebnisse[8]: Ja! Auch wenn Bio im Durchschnitt geringere Erträge abwirft als die industrialisierte Landwirtschaft, es ist möglich, die gesamte Weltbevölkerung biologisch zu ernähren! Zwei Bedingungen müssen dafür aber erfüllt sein:

Erstens: Wir, vor allem wir in den reichen Ländern, müssen unseren Konsum an tierischen Lebensmitteln, allen voran an Fleisch, deutlich verringern. In jedem Kilo Fleisch, jedem Liter Milch und jedem Ei stecken unglaublich viele Futtermittel, die irgendwo angebaut werden müssen. Da die nutzbaren Flächen weltweit begrenzt sind, sollten wir auf den vorhandenen Flächen aber eher das anbauen, was Menschen direkt essen können.

Und zweitens: Es muss weltweit gelingen, die Lebensmittelverschwendung einzudämmen.

IST BIO EIN LUXUS – NUR FÜR WOHLHABENDE KONSUMENTINNEN UND REICHE LÄNDER?

Der Preis wird immer wieder als Argument gegen Bio angeführt. Bio-Produkte sind tatsächlich teurer, nicht zuletzt weil sie aufwendiger produziert werden, u.a. durch mehr händische Arbeit und mehr Platz für die Nutztiere. Darüber hinaus sagen die Preise aber nicht die ganze Wahrheit: Die industrielle Landwirtschaft belastet durch ihre Produktionsweise die Umwelt. So wird z. B. Grundwasser stärker verunreinigt. Dadurch entstehen Kosten für die Allgemeinheit, etwa durch Maßnahmen zur Wasseraufbereitung. Diese Kosten sollten eigentlich dem Produkt angerechnet werden, das sie verursacht hat. So gesehen sind nicht Bio-Lebensmittel zu teuer, sondern konventionelle zu billig.

Und dann bleibt noch die Frage: Wie viel sind wir bereit für unsere **Lebens**mittel auszugeben?

IM SUPERMARKT STEHEN WIR OFT VOR DER WAHL, ZUM VERPACKTEN BIOKÄSE ZU GREIFEN ODER ZUM ÖSTERREICHISCHEN KÄSE VON DER THEKE. WAS IST DIE UMWELTVERTRÄGLICHERE VARIANTE?

Sinngemäß lässt sich diese Frage auch mit der Frage „Bio-Paradeiser aus Spanien oder konventionelle österreichische im Mai?" gleichsetzen. Die EU-Bio-Verordnungen regeln die Produktion, aber nicht die Behandlung danach, also Verpackung oder Transport. Das heißt, es ist durchaus möglich, dass ein Bio-Produkt durch Verpackung und bzw. oder Transport eine schlechtere CO_2-Bilanz hat als das konventionelle Pendant. Aber: Die Frage führt meines Erachtens vom Wesentlichen weg! Bio-Lebensmittel werden grundsätzlich umwelt-, tier- und menschenfreundlicher produziert: bodenschonender, biodiversitätsfördernder etc. Wenn sie dann noch umweltfreundlich verpackt und kurz transportiert wurden, umso besser! Wenn nicht, heben Plastikverpackung oder längerer Transport diese Produktionsvorteile nicht auf. Auch bei der CO_2-Bilanz der Paradeiser müssen wir immer das große Ganze sehen. Erstens: Sind die österreichischen Paradeiser im Mai aus dem Freiland oder aus dem – vermutlich energieintensiv beheizten – Treibhaus? Eher zweiteres. Da können dann schon die mit dem LKW transportierten spanischen Bio-Paradeiser die Nase wieder vorne haben. Und: Das große Ganze beinhaltet nicht nur die CO_2-Bilanz, sondern auch andere Produktionsfaktoren: z. B. Wie stark musste bewässert werden? Bekommt der/die ProduzentIn einen fairen Preis? Nachhaltige Ernährung kann sehr komplex werden! Als einfache Faustregel gilt: Mit Bio ist man meistens nachhaltiger dran!

! TIPP ▶ Weiterführende Infos: bio-wissen.org

(Klima)bewusst einkaufen – ganz einfach?

Unser Essen beeinflusst das Klima enorm! Etwa ein Fünftel der Treibhausgase werden durch die Ernährung verursacht. Es gibt hier also ein großes Potential, etwas Positives für unser Klima zu bewirken. Wie wir unseren Lebensmitteleinkauf und -konsum nachhaltig(er) gestalten können, verrät uns die Expertin Gabriele Homolka.

Mag.ª Gabriele Homolka ist Ernährungswissenschafterin und seit 2007 bei DIE UMWELT-BERATUNG tätig. Sie berät u.a. zu den Schwerpunkten Ernährungsökologie, nachhaltiger Einkauf, Biolebensmittel und ökologischer Fischkonsum.

WAS KÖNNEN WIR BEREITS BEIM EINKAUF VON LEBENSMITTELN FÜR DEN KLIMA-SCHUTZ TUN?

Da gibt es einige konkrete Dinge, auf die wir achten können:

1. Nur einkaufen, was man wirklich braucht. Also vorher zuhause checken: Welche Zutaten habe ich noch, welche sollten aufgrund der geringen Haltbarkeit rasch verarbeitet werden? Dann schreibt man einen entsprechenden Einkaufszettel und kann so Fehlkäufe vermeiden.
2. Wir empfehlen weniger tierische Lebensmittel wie Fleisch, Wurst und Milchprodukte zu essen. Maximal drei Portionen Fleisch oder Wurst pro Woche werden empfohlen – neun Portionen und oft sogar mehr sind jedoch Realität. Das hat enorme Auswirkungen auf die persönliche Klimabilanz.
3. Lebensmittel in Bio-Qualität kaufen: BiolandwirtInnen sind KlimaschützerInnen: Rund 180.000 Tonnen CO_2 werden durch die biologische Bewirtschaftung jährlich in Österreich eingespart.[9]
4. Regional und saisonal einkaufen! Je näher die Lebensmittel an unserem Wohnort angebaut werden, desto günstiger ist die CO_2-Bilanz des Transports. Bei der Anlieferung aus Spanien wird im Vergleich zum Transport aus der Region eine bis zu 28-fache Menge an CO_2 ausgestoßen. Optimal sind regionale Lebensmittel jedoch nur, wenn sie im Freiland und am besten biologisch produziert werden.

! TIPP ▶ Saisonkalender im Anhang

FISCH VERSORGT UNS MIT WERTVOLLEN NÄHRSTOFFEN. LÄSST SICH DER KAUF VON FISCH HEUTZUTAGE JEDOCH NOCH VERTRETEN?

Fische, vor allem Meeresfische, enthalten reichlich Omega-3-Fettsäuren sowie Jod und Vitamin D und sind daher besonders wertvoll für unsere Ernährung. Doch gerade weil sie so gesund sind, werden zu viele Fische aus dem Meer gefangen. Dementsprechend sind die Bestände, laut FAO[10], zu rund 30 Prozent irreversibel leergefischt und zu 60 Prozent zu stark befischt. Je weniger Fisch am Teller landet, desto besser können sich die Meere von der Überfischung erholen. Stattdessen können wir den Speiseplan mit Leinöl, Walnüssen, Hanfsamen, Soja und grünem Blattgemüse ergänzen. Denn

DIE UMWELT BERATUNG

auch diese Lebensmittel enthalten Omega-3-Fettsäuren, wenn auch in kleineren Mengen. Beim Einkauf von Fisch ist Biofisch die beste Wahl. Auch heimische Fische wie Karpfen, Forelle und Alpenlachs bieten eine Alternative zu den überfischten Meeresarten. Sollte es dennoch einmal Meeresfisch sein, ist es hilfreich, vor dem Einkauf in den Fischführern von Greenpeace und dem WWF nachzulesen.

WIE STEHST DU ZU TIEFKÜHLOBST UND -GEMÜSE? WAS SPRICHT DAFÜR BZW. EVENTUELL DAGEGEN?

Laut einer Studie des Freiburger Öko-Instituts schneiden Tiefkühlkost und Lebensmittel aus Konservendosen recht ähnlich in der Umweltbilanz ab und verursachen etwa gleich hohe Treibhausgasemissionen. Unsere Empfehlung lautet daher so oft wie möglich zu frischen, saisonalen Lebensmitteln zu greifen, denn hier ist der Aufwand für die Lagerung viel geringer. Zusätzlich sollten wir beim Einkauf aufs Auto verzichten und lieber mit den Öffis, zu Fuß oder mit dem Fahrrad einkaufen: Wie die letzten Meter beim Einkaufen zurückgelegt werden, ist viel entscheidender für die CO_2-Bilanz als die Art der Lagerung oder die Verpackung.

WIE STEHT ES UM DIE KLIMABILANZ VON UNTERSCHIEDLICHEN VERPACKUNGSMATERIALIEN?

Jede Verpackung hat ihre Vor- und Nachteile. Grundsätzlich ist unsere Empfehlung: so viel wie nötig, so wenig wie möglich! Einweg-Glasflaschen sind in der Klimabilanz katastrophal, da sowohl die Gewinnung als auch das Recycling von Glas sehr energieaufwendig ist. Bei Konserven- oder auch Aluminiumdosen ist es sehr ähnlich. Verbundkarton, wie etwa Tetrapack, ist in der Produktion weniger energiein-

tensiv. Er ist leichter, somit ist auch der Transport weniger umweltschädlich. Andererseits setzt sich die innerste Schicht aus Kunststoff zusammen und ist, freigesetzt als Mikroplastik, ein Problem für die Umwelt.

WIE KANN ICH VERPACKUNGSMATERIAL EINSPAREN BZW. VERMEIDEN?

Mittlerweile bieten Supermarktketten wiederverwendbare Sackerl für Obst und Gemüse an und bei einigen kann man bereits die eigenen Geschirrboxen für Wurst und Käse mitnehmen. Wer will, kann also diese Verpackungen mit der eigenen Käsebox vermeiden. Außerdem gibt es seit einigen Jahren eine wachsende Anzahl an Einkaufsalternativen zum Supermarkt: Biomärkte, Biokisten[11], Foodcoops[12] und Solidarische Landwirtschaften. Zusätzlich wächst in den Städten die Zahl der Unverpackt-Läden, wo nicht nur Gemüse, sondern auch Getreide, Nudeln, Gewürze und andere Dinge des täglichen Bedarfs ohne bzw. in Mehrweg-Verpackungen angeboten werden[13].

HAST DU AUCH KLIMAFREUNDLICHE TIPPS FÜRS KOCHEN?

Hier sind es die kleinen Dinge im täglichen Leben, die den Energiebedarf positiv beeinflussen: Immer einen Deckel verwenden, Herdplatte entsprechend der Topfgröße auswählen, beim E-Herd die Restwärme nutzen oder bei längeren Kochzeiten einen Druckkochtopf einsetzen. Beim Backofen ist die Heißluftfunktion stromsparender als Ober- und Unterhitze, da man niedrigere Temperaturen einstellen und mehrere Bleche gleichzeitig backen kann. Und auch beim Backofen kann man früher abschalten und die Restwärme nutzen. Wer mag, kann auch eine Kochkiste bauen und darin stromlos Gerichte fertiggaren.

Rund ums Fleisch ist nicht alles wurscht

Zu viel Fleisch liegt nicht nur schwer im Magen, sondern belastet auch unser Klima enorm. Wenn wir so weiteressen wie bisher, sind die Aussichten alles andere als rosig. Die Expertin Helene Glatter-Götz gibt Einblick in die Hintergründe und schildert, warum es sich dennoch lohnt, optimistisch in die Zukunft zu sehen.

Helene Glatter-Götz MSc ist Expertin für Nachhaltige Ernährung beim WWF Österreich. Die studierte Human- und Sozialökologin beschäftigt sich dabei mit der Frage, wie wir den ökologischen Fußabdruck der österreichischen Ernährung verkleinern können.

IN EINER STUDIE DES WWF[14] AUS DEM JAHR 2015 HEISST ES, DASS DIE ART UND WEISE, WIE WIR UNS HIERZULANDE ERNÄHREN, NEGATIVE AUSWIRKUNGEN AUF UNSERE GESUNDHEIT UND AUF DIE ERDE HAT. WORAN LIEGT DAS?

In Österreich wird gerne und viel gegessen, am liebsten Fleisch und Milchprodukte. Laut der Studie liegen wir mit einem Fleischkonsum von rund 63 Kilogramm pro Person und Jahr in Österreich im europäischen Spitzenfeld. Außerdem essen wir auch rund 30 Prozent mehr Zucker und 80 Prozent mehr tierische Fette als der europäische Durchschnitt. Dieser ungesunde Ernährungsstil verstärkt nicht nur die Klimakrise, sondern verbraucht auch sehr viel Fläche – und gefährdet damit die Artenvielfalt. Rund ein Viertel des ökologischen Fußabdruckes – darunter versteht man die Fläche, die ein Mensch rechnerisch für seine Bedürfnisse verbraucht – ist auf unsere Ernährung zurückzuführen. Fleisch und Milchprodukte machen 23 Prozent des Konsumvolumens an Nahrungsmitteln aus, erzeugen jedoch zwei Drittel der nahrungsbedingten Treibhausgasemissionen in Österreich. Fleisch ist hier eindeutig der größte Faktor: Nur neun Prozent des konsumierten Volumens verursachen insgesamt 43 Prozent der Treibhausgasemissionen.

UNSER LANDVERBRAUCH BESCHRÄNKT SICH NICHT NUR AUF ÖSTERREICHISCHE FLÄCHEN. WOHIN REICHEN UNSERE SPUREN?

Für die Ernährung hierzulande sind ca. 3,1 Millionen Hektar an Fläche notwendig.[15] Das entspricht ungefähr einem Drittel der Fläche von Österreich. Rund 40 Prozent des österreichischen Land-Fußabdrucks liegen allerdings im Ausland. Mit dem Import von Lebensmitteln „importieren" wir auch Flächen anderer, oftmals artenreicher Länder.

Besonders tierische Produkte wie Fleisch, Milch oder Käse sind Landfresser: Ihre Herstellung und die dafür nötige Produktion von Futtermitteln nehmen sehr viel Land in Anspruch. Was das Problem dabei ist, zeigt etwa das Beispiel Soja: Österreichische Schweine werden auch mit gentechnisch verändertem

Soja aus Südamerika gefüttert. Dafür wird dort wertvoller Regenwald gerodet. Das hat nicht nur verheerende Auswirkungen auf die Umwelt, sondern auch auf die lokale Bevölkerung.

VIELE BEHAUPTEN, DASS FLEISCH ALS EI-WEIßLIEFERANT UNENTBEHRLICH IST? STIMMT DAS SO?

Unser Fleischkonsum ist dreimal höher als vom Gesundheitsministerium empfohlen. Man könnte also getrost einen Großteil des Fleisches weglassen. Außerdem gibt es auch gesunde pflanzliche Eiweißlieferanten, wie etwa Hülsenfrüchte oder Tofu. Übrigens werden sojabasierte Produkte wie Tofu oder Tempeh fast ausschließlich mit Soja aus Österreich hergestellt.

WÜRDEST DU SAGEN, DASS VEGANERiNNEN, WENN ES UM DEN KLIMASCHUTZ GEHT, DIE NASE VORNE HABEN?

VeganerInnen – also Menschen, die auf tierische Lebensmittel wie Fleisch, Milch und Eier verzichten – tragen durch ihre Ernährung tatsächlich viel weniger zur Klimakrise bei. Wenn ich aber nicht komplett auf tierische Produkte verzichten möchte, erreiche ich mit der Devise „weniger und seltener Fleisch, aber dafür qualitativ hochwertiges Bio-Fleisch" bereits sehr viel.

BIO HAT DEN RUF TEURER ZU SEIN. LÄSST SICH DAS SO SAGEN?

Häufig werden Bio-Produkte einfach als zu teuer abgetan. Doch eine neue WWF-Studie[16] zeigt: Bio, gesund und leistbar, das geht! Folgt man den Empfehlungen einer gesunden Ernährung, kann man 70 Prozent des gesamten Einkaufs in Bio-Qualität besorgen, ohne dabei mehr Geld auszugeben. Denn wir kaufen zu viel Fleisch, zu viele Fertigprodukte und zu viele Softdrinks. Diese Produkte sind nicht nur ungesund, sondern auch sehr hochpreisig. Stattdessen sollten öfter Hülsenfrüchte, Gemüse und Obst im Einkaufswagen landen. Durch solch einen Umstieg zu gesund und biologisch werden die Treibhausgasemissionen um fast 40 Prozent reduziert. Diese Veränderung unserer Ernährungsgewohnheiten schafft also gesünderes Essen für gesündere Menschen und eine gesündere Umwelt.

WELCHE GRÜNDE HABEN WIR, OPTIMISTISCH IN DIE ZUKUNFT ZU SEHEN?

Bei den ständigen Meldungen zu Klimakrise und Artensterben kann man schnell den Eindruck gewinnen, dass man als einzelne Person nicht viel ausrichten kann – man fühlt sich ohnmächtig. Dabei haben wir so viele Möglichkeiten, unsere Gesellschaft zu verändern! Unseren eigenen Konsum nachhaltiger zu gestalten ist dabei nur eine von vielen. Denn wir sind nicht nur KonsumentInnen. Wir sind auch Freundin, Sohn, Kollegin, Bekannter – und können unser Umfeld durch unser Handeln inspirieren. Wir können anderen zeigen, dass vegetarische Gerichte keinen Verzicht darstellen, sondern vielmehr eine genussvolle Bereicherung. Und wir sind auch BürgerInnen, die den politischen Prozess mitgestalten können. Wir können wählen gehen, demonstrieren oder Petitionen starten. Und nicht zuletzt sind wir auch Arbeitskraft und können uns auch in unserem Berufsleben für eine bessere Welt einsetzen.

Nichts verschwenden, alles verwenden!

In der EU werden pro Person und Jahr 173 kg Lebensmittel weggeworfen. Mehr als die Hälfte aller entsorgten Lebensmittel gehen dabei auf das Konto der privaten Haushalte: Dort wird Schätzungen zufolge bis zu einem Viertel der eingekauften Lebensmittel weggeworfen. Es gibt also großen Handlungsbedarf, aber auch jede Menge Chancen, wie die Expertin Olivia Herzog erklärt.

 **Olivia Herzog MSc** ist Expertin für Nachhaltige Ernährung beim WWF Österreich. Lebensmittelverschwendung in Österreich ist eines der Kernthemen der Sozialökologin. Der Fokus liegt dabei auf der Schaffung von Datengrundlagen, der Bewusstseinsbildung von KonsumentInnen sowie dem Aufzeigen wirkungsvoller Strategien, um Lebensmittelverschwendung in Österreich zu reduzieren.

WARUM WERDEN IN ÖSTERREICHISCHEN HAUSHALTEN SO VIELE LEBENSMITTEL WEGGEWORFEN?

In österreichischen Haushalten werden jährlich zirka 206.000 Tonnen genießbare Lebensmittel entsorgt. Die Gründe dafür sind vielfältig: Fehlende Planung, falsche Lagerung, Unsicherheiten bezüglich der Genießbarkeit oder Fehlinterpretationen des Mindesthaltbarkeitsdatums führen unter anderem ebenso zur Verschwendung von Lebensmitteln wie das Fehlen kreativer Ideen zur Verwertung von Resten.

WAS SOLLTEN WIR IN DIESEM ZUSAMMENHANG WISSEN?

Oft ist das Ablaufen des Mindesthaltbarkeitsdatums ein Grund dafür, dass teils noch original verpackte Lebensmittel im Müll landen. Das Mindesthaltbarkeitsdatum besagt, dass ein Produkt mindestens bis zum angegebenen Zeitpunkt haltbar ist. Mindestens! Danach heißt es einfach mal sehen, riechen oder kosten – unsere Sinne sind sehr gut ausgebildet und erkennen Unstimmigkeiten sofort.

Das Mindesthaltbarkeitsdatum gibt also jenen Zeitpunkt an, bis zu welchem die ProduzentInnen für den einwandfreien Zustand eines ungeöffneten und optimal gelagerten Produktes Verantwortung übernehmen. Es stellt den Optimalzustand aller Eigenschaften eines Lebensmittels dar, also neben der Genussfähigkeit auch Frische, Geschmack, Aussehen, Farbe, Geruch und Nährwert. Das Produkt verliert nicht automatisch seine Qualität, wenn dieses Datum überschritten ist. Verpackungsaufschriften, Vorbildwirkung sowie Bildungs- und Aufklärungsarbeit können das Bewusstsein der KonsumentInnen dafür schärfen. Des Weiteren sollte die Verwendung des Mindesthaltbarkeitsdatums bei Trockenprodukten wie Reis, Nudeln oder Zucker überdacht werden, denn diese Produkte sind in der Regel weit über den angegebenen Zeitraum genießbar.

WIE KANN ICH LEBENSMITTELVERSCHWENDUNG VERMEIDEN?

Es gibt hier zahlreiche wirkungsvolle Strategien. Es beginnt mit der Einkaufsplanung. „Was habe ich im Kühlschrank und was möchte ich in der kommenden Woche gerne essen?", sind Fragen, die wir uns alle stellen sollten, bevor wir einkaufen gehen. Mengenrabatte im Supermarkt führen oft dazu, dass mehr eingekauft wird als nötig. Also lieber zweimal überlegen, ob sich das Angebot wirklich lohnt. Außerdem ist auch die Lagerung der unterschiedlichen Produkte relevant: Die Haltbarkeit von Lebensmitteln erhöht sich, wenn sie richtig gelagert werden.

! TIPP ▶ Mehr im „Küchengezwitscher", S. 21

LEBENSMITTELVERSCHWENDUNG FÄLLT ENTLANG DER GESAMTEN WERTSCHÖPFUNGSKETTE AN, ALSO AUCH BEREITS IN DER LANDWIRTSCHAFT, BEI DER PRODUKTION SOWIE IM HANDEL. WORIN LIEGEN DIE GRÜNDE DAFÜR UND WIE KANN HIER EINE VERÄNDERUNG ERMÖGLICHT WERDEN?

Untersuchungen des Europäischen Parlaments gehen von einem Verlust von 11 Prozent von Lebensmitteln in der Landwirtschaft und 19 Prozent in der Produktion aus. Hitzewellen, Schlechtwetterereignisse und Schädlingsbefall können zu Missernten und damit zu Lebensmittelverlusten führen. Auch mangelnde Erntetechnologie, Verluste bei der Verarbeitung oder unzureichende Lagerbedingungen, technische Störungen im Produktionsprozess, Rückstellmuster, Fehletikettierung oder nicht verwertete Nebenprodukte können Gründe dafür sein. Darüber hinaus spielen allerdings auch Handelsstandards, also die Anforderungen an Größe, Farbe und Form eines Produkts, eine besondere Rolle am Anteil verschwendeter Lebensmittel. Des Weiteren können sogenannte unlautere Handelspraktiken zu Lebensmittelverschwendung führen, beispielsweise wenn es aufgrund von fehlerhafter Nachfrageprognose, verringerter Produktqualität oder übertriebener Regelungen zur Mindestlebensdauer beim Erhalt eines Produkts zu einer Stornierung oder Ablehnung der bestellten Ware kommt.

Hier braucht es in einem ersten Schritt gesicherte Daten über das Ausmaß und die Gründe der Verschwendung. Die Politik ist gefordert, Untersuchungen in Auftrag zu geben und auf deren Basis verbindliche Maßnahmenpakete und Reduktionsziele für einzelne Sektoren zu etablieren. Anforderungen des Handels an Obst und Gemüse müssen evaluiert und der Verkauf von normabweichenden Lebensmitteln erleichtert werden. Darüber hinaus können u.a. alternative Absatzmöglichkeiten für landwirtschaftliche Produkte gestärkt werden, um Verschwendung zu verhindern.

WARUM IST LEBENSMITTELVERSCHWENDUNG AUS ÖKOLOGISCHER PERSPEKTIVE SO PROBLEMATISCH?

Unser Ernährungssystem befeuert die Klimakrise und trägt massiv zum Verlust unserer Artenvielfalt bei. Durch Produktion, Transport, Verarbeitung, Verpackung und Entsorgung werden Treibhausgase ausgestoßen, die die Klimakrise anheizen. Mindestens 24 Prozent der globalen Emissionen sind auf die Ernährung zurückzuführen. Global nimmt unsere Ernährung 69 Prozent des Wasserverbrauchs in Anspruch und ist für 75 Prozent der Abholzungen und 30 Prozent der Erosionen verantwortlich. Wenn die produzierten Lebensmittel dann auch noch im Müll landen, ist das eine wirklich unnötige Verschwendung, die sich auf die ökologische Gesundheit und die Nahrungsmittelsicherheit auswirkt.

Damals wie heute

GESCHICHTE EINER KINDHEIT

Von Monika Domenig

Meine Mutter lebte am Land in ärmlichen Verhältnissen und wurde schon als Kind mit den bäuerlichen Arbeiten vertraut. Sie hat mit ihrer so gewonnenen Erfahrung versucht, in ihrer schweren Situation – alleinstehend mit acht Kindern – möglichst viel aus der Natur zu beziehen und zu verwenden. Im zur Verfügung gestellten Nutzgarten hat sie Gemüse angebaut und den Mist von den gehaltenen Tieren zur Düngung verwendet. Für den Winter hat sie durch Einrexen von Gemüse und Obst sowie dank der Herstellung eigener Fruchtsäfte und Marmeladen Vorräte angelegt. Sauerkraut wurde eingeschnitten und eingelegt. Bei einem benachbarten Bachlauf hat sie Kresse für den Salat und Brennnesseln für einen „Brennnessel-Spinat" gepflückt. Auf der Alm sammelte sie Wildkräuter, die für Tee und Suppen verwendet wurden. Die Milch hat sie direkt beim Bauern bezogen und daraus weitere Milchprodukte, wie z. B. Sauermilch, Butter oder Topfen hergestellt. Sogenannte Lederäpfel – diese hatten eine sehr harte Schale, die erst mit der Zeit weich wurde – wurden für die kalte Jahreszeit auf dem Zimmerkasten gelagert.

In einem von meinem Bruder selbst angelegten Fischteich wurden Forellen gefüttert und einmal im Jahr abgefischt. Wir hielten eigene Schweine sowie Kaninchen und haben Hühner gemästet. Die Tiere haben wir selbst geschlachtet und beinahe alles davon verwertet. Beim Schwein wurde der Hauptteil zu Braten, Schnitzel und Karree verarbeitet. Außerdem wurden Hauswürste, Speck und Blutwurst hergestellt. Kopf, Hals und Klauen wurden gekocht und daraus Brein- oder Presswurst gemacht. Aus dem Fett wurden schmackhaftes Schmalz und Grammeln. Die Innereien wie Herz, Leber und Nieren hat meine Mutter zu köstlichen Speisen verkocht. Das Herz wurde wie eine Suppe gekocht, dann abgegossen, in kleine Stücke geschnitten und in eine Einbrenn gegeben. Dazu gab es Semmel- oder Bröselknödel. Die Nieren wurden mit Zwiebeln geröstet, gewürzt, mit saurem Rahm verfeinert und mit Reis oder Spätzle serviert. Die Leber wurde geröstet oder zu Leberknödel und -wurst verarbeitet. Das Hirn wurde mit Zwiebel und Ei geröstet gegessen. Was zum Schluss dann noch übrig blieb, wurde dem Nachbarn für seinen Hund geschenkt. Um die Fleischprodukte haltbar zu machen, wurde das Fleisch geselcht. Der fertige Braten mit Soße sowie das Gulasch und der Leberaufstrich kamen ins Rexglas. Aus dem geselchten Fleisch wurde Verhackertes gemacht. Mit der Möglichkeit einer Kühltruhe wurde die Lagerung von Gemüse und Fleisch wesentlich erleichtert.

Im Winter wurde alles genutzt und verarbeitet, was die Natur zu dieser Jahreszeit zur Verfügung stellte, also z. B. Kraut und Kohl. Darüber hinaus wurde auf die eingekochten Speisen, die eingelagerten Lederäpfel und Kartoffeln sowie auf das eingemachte Gemüse zurückgegriffen.

Speisen, an die ich mich besonders gerne erinnere, sind Milch, Sterz, Haferflocken, Brot und Butter.

Küchengezwitscher

TIPPS & TRICKS ZUR RESTEVERWERTUNG UND ZUR LAGERUNG VON LEBENSMITTELN

Viel von dem, was früher selbstverständlich war, ist heute in Vergessenheit geraten, nicht mehr möglich oder einfach nicht notwendig, weil es alles im Überfluss gibt. Lebensmittel sind aber auch heute noch kostbar. Im Folgenden erzählen einige ExpertInnen und KöchInnen aus Leidenschaft, wie sie dazu beitragen, dass möglichst wenig im Müll landet.

WIE VERMEIDET IHR LEBENSMITTELVERSCHWENDUNG?

Ich habe mein Bio-Kistl. Wenn ich aber im Supermarkt was besorgen muss, greife ich öfter bewusst zu den „Sonderlingen" oder zu Artikeln mit dem Vermerk „Datum abgelaufen. Ware in Ordnung". Als Konsumentin habe ich eine Verantwortung, weil ich durch meinen Einkauf viel mitbestimmen kann.
Madeleine Riske, Umweltdachverband

Besonders wichtig finde ich, dass man einen guten Überblick hat, welche Lebensmittel man daheim hat. Da hilft z. B. eine aktuelle Inventurliste neben dem Gefrierfach. So ist auf einen Blick sichtbar, was als nächstes aufgegessen werden sollte. Beim Einräumen des Kühlschranks ist es wichtig, die älteren Lebensmittel nach vorne, also in den Sichtbereich zu stellen. Brot und Gebäck schmecken im Toaster oder Backrohr aufgebacken wieder wunderbar! Mit Kräutern, Knoblauch und Olivenöl wird es noch aromatischer! Die Mengenplanung vor dem Kochen hilft, dass zwar ausreichend, aber nicht zu viel zubereitet wird. Wenn dann mal doch zu viel z. B. von einem Gemüseeintopf oder Sugo gekocht wurde, kann man das auch hervorragend einkochen. Dafür einfach das Gericht nochmals zum Köcheln bringen und in saubere, dichte Gläser füllen. Und schon hat man ein perfektes Essen, wenn es mal schnell gehen muss!
Gabriele Homolka, DIE UMWELTBERATUNG

Obst und Gemüse hält am besten im Gemüsefach. Darüber ist der kühlste Ort im Kühlschrank, hier werden frische Produkte wie Fisch und Fleisch aufbewahrt. In der Mitte finden Milchprodukte den optimalen Platz. Alle Produkte, die weniger Kühlung benötigen, wie Einmachgläser, Käse, Butter, Eier und Säfte lagern im obersten Fach und in der Tür des Kühlschranks. Außerdem halten abgedeckte Essensreste länger frisch. / *Olivia Herzog, WWF Austria*

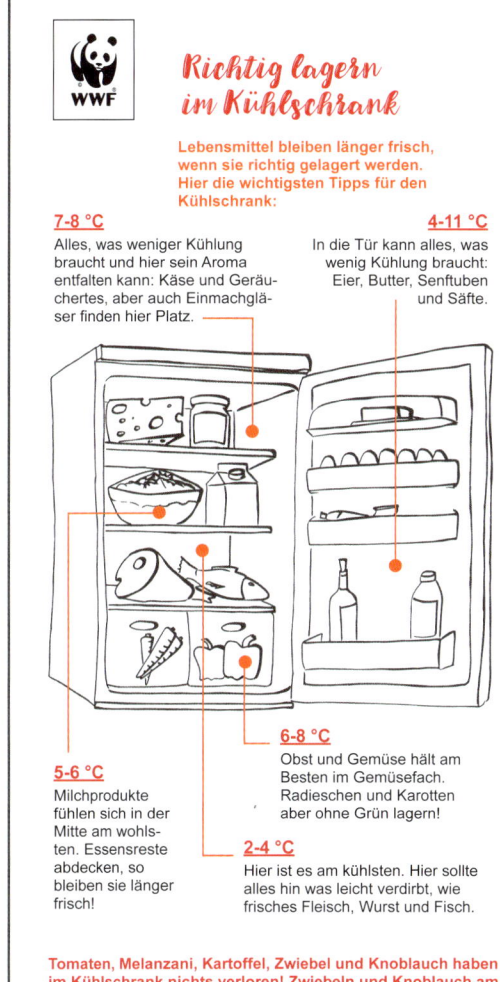

Richtig lagern im Kühlschrank

Lebensmittel bleiben länger frisch, wenn sie richtig gelagert werden. Hier die wichtigsten Tipps für den Kühlschrank:

7-8 °C
Alles, was weniger Kühlung braucht und hier sein Aroma entfalten kann: Käse und Geräuchertes, aber auch Einmachgläser finden hier Platz.

4-11 °C
In die Tür kann alles, was wenig Kühlung braucht: Eier, Butter, Senftuben und Säfte.

5-6 °C
Milchprodukte fühlen sich in der Mitte am wohlsten. Essensreste abdecken, so bleiben sie länger frisch!

6-8 °C
Obst und Gemüse hält am Besten im Gemüsefach. Radieschen und Karotten aber ohne Grün lagern!

2-4 °C
Hier ist es am kühlsten. Hier sollte alles hin was leicht verdirbt, wie frisches Fleisch, Wurst und Fisch.

Tomaten, Melanzani, Kartoffel, Zwiebel und Knoblauch haben im Kühlschrank nichts verloren! Zwiebeln und Knoblauch am Besten in einem Keramiktopf mit Löchern aufbewahren.

Quelle: WWF Österreich

In meiner Familie landet Essen nur dann im Mistkübel, wenn es verdorben ist. Saure Milch zum Beispiel oder schimmelige Konserven – so bin ich aufgewachsen, so vermittle ich es auch meinem Kind. Wir versuchen, immer nur so viel einzukaufen und zu kochen, wie wir tatsächlich benötigen. Im Kühlschrank und im Vorratsregal machen wir regelmäßig Inventur. Und wenn doch einmal von irgendwas das Mindesthaltbarkeitsdatum abgelaufen ist, dann schauen, riechen, kosten wir, ob es überhaupt verdorben ist. Wenn nicht, essen wir es noch.
Theres Rathmanner, FiBL

UND WENN DOCH MAL WAS ÜBRIG BLEIBT… WAS IST EUER LIEBLINGSRESTEESSEN?

Da gibt es viele! Ich liebe Knödel mit Ei. Brotsuppe. Grenadiermarsch. Das hat alles meine Oma laufend gekocht. Mein liebstes Restlessen derzeit, das liegt wohl daran, dass wir in der Schule des Essens gerade einen Nose-to-Tail-Hendl-Workshop durchführen, ist Hendl-Einmachsuppe mit Knöderl, in der wir die Innereien, die Karkassen und das Fleisch, das vom Brathendl übrigbleibt, verkochen. Wir versuchen damit, den Kindern zu vermitteln, dass man von einem Hendl viel mehr essen kann, als sie es meistens gewohnt sind.
Theres Rathmanner, FiBL

Ganz klar der Scheiterhaufen: Hier kann man übrige Semmeln, runzelige Äpfel und die restliche Milch perfekt zu einem köstlich duftendem Gericht kombinieren.
Gabriele Homolka, DIE UMWELTBERATUNG[17]

REZEPTE & GESCHICHTEN

Frühling

Kernweiches Ei mit knackigen Wiesenkräutern

Christa Widhalm, HLT Retz

Zubereitung

Kräuter sammeln. Alternativ eignen sich frische Kräuter vom Markt.

Wiesenkräuter mit kaltem Wasser waschen und gut abtropfen lassen, Karotten schälen und in kleine Stücke schneiden.
Butter und etwas Öl in einen Topf geben, Karotten beifügen und langsam ohne Farbe anbraten.
Mit Salz, Pfeffer und Zucker würzen.
Sojadrink beifügen und bei schwacher Hitze die Karotten weichdünsten – gegebenenfalls etwas Wasser beifügen.
Die Eier kernweich kochen, die Dauer hängt von der Größe ab. Danach sofort mit sehr kaltem Wasser abschrecken.
Eier vorsichtig schälen, abtropfen lassen und bei Seite stellen.
Weiche Karotten mit einem Stabmixer fein pürieren und abschmecken.
Wiesenkräuter leicht salzen und mit etwas Öl beträufeln.
Karottenpüree auf einen Teller mittig anrichten.
Ei darauf setzen und mit marinierten Kräutern garnieren.
Zum Schluss den gepoppten Dinkel darüberstreuen und servieren.

Mein Geheimtipp

Die Eier sollten mindestens eine Woche alt sein, damit sie leichter zum Schälen sind.
Die Dinkelpops trocken aufbewahren, damit sie knusprig bleiben.

Gemeinsam mit den SchülerInnen haben wir den Caritas Bauernhof in unserer Nachbarortschaft besucht. Die KlientInnen waren nicht nur liebenswert, sondern auch sehr bemüht uns von den Hühnern bis zum Dinkel alles zu zeigen. Somit war nach dieser genialen Exkursion klar, wir wollen mit den Produkten von unserem Caritasbauernhof arbeiten.

Zutaten

- 50 g Wiesenkräuter (Schafgarbe, Gundelrebe, Löwenzahn...)
- 250 g Karotten
- 50 g Butter und etwas Sonnenblumenöl
- 1 Prise Salz
- 1 Prise Pfeffer
- 1 Prise Zucker
- 125 ml Sojadrink
- 4 Eier
- 25 g Dinkel gepoppt

Brennnessel-Knödel mit Steinpilzbutter

Silja Parke, Wilde Möhre Blog

Als Kräuterpädagogin mit Ausbildung in der Volksheilkunde streife ich regelmäßig durch Wiesen und Wälder, um für meine selbst kreierten Rezepte die passenden Zutaten zu finden. Dank des hohen Vitamingehalts (100 g Brennnessel = u.a. dreimal der Tagesbedarf an Vitamin C) sind Brennnesseln viel besser als ihr Ruf und verdienen es definitiv entsprechend verarbeitet zu werden.

Zubereitung

Brennnesseln (nur die Spitzen) pflücken und frisch verarbeiten.

Brennnessel-Knödel:

Brennnesselblätter mit einem Nudelholz walken. Damit sich die Farbe der Blätter nicht verändert, diese danach kurz in kochend heißes Wasser geben, abseihen und mit kaltem Wasser abschrecken, sprich blanchieren. Blätter abtropfen und noch etwas ausdrücken. Danach fein schneiden und beiseitestellen.

Knödelbrot mit Eiern, Brennnesselblättern, geriebenem Bergkäse und den Gewürzen in eine Schüssel geben. Zwiebel fein würfeln und mit der Butter in einem Topf kurz anschwitzen, danach zur „Knödelbrot-Mischung" hinzufügen. Milch erwärmen und ebenfalls der „Knödelbrot-Mischung" hinzufügen. Alle Zutaten gründlich und gleichmäßig miteinander vermengen, sodass ein homogener Teig entsteht. Wichtig: 30-40 Minuten ruhen lassen.

Anschließend den Knödelteig zu Kugeln formen und in Salzwasser ca. 10 bis 15 Minuten gar kochen.

Steinpilzbutter:

Getrocknete Steinpilze mit etwas Wasser befeuchten und 10 Minuten quellen lassen. Butter mit Steinpilzen schonend erwärmen. Steinpilze einige Minuten in der Butter ziehen lassen.

Jeweils 2- 3 Knödel auf einem Salatbett anrichten, mit zerlassener Steinpilzbutter übergießen und eventuell mit essbaren Blüten, wie Gänseblümchen oder ausgezupften Löwenzahnblüten, garnieren.
Guten Appetit!

Mein Geheimtipp

Beim Pflücken der Brennnessel kräftig mit Daumen und Zeigefinger zupacken, dann bleibt der Schmerz aus.
Brennnessel-Kochwasser abkühlen und aufheben! Es eignet sich perfekt als Gieß- oder Haarwasser.

Zutaten

Brennnessel-Knödel:
- 200 g Brennnesselspitzen
- 400 g Knödelbrot (oder alte Semmeln bzw. Weißbrot)
- 4 kleine Eier
- 100 g geriebener, würziger Bergkäse
- ½ TL Salz
- Pfeffer
- 1 Msp. Muskatnuss
- 1 Zwiebel
- 65 g Butter
- 300 ml Milch

Steinpilzbutter:
- 1 Handvoll getrocknete Steinpilze, alternativ sind auch andere, aromatische, getrocknete oder frische Pilze möglich.
- 125 g Butter

Vorschlag für Garnitur:
- Salatbett, essbare Blüten, z. B. Gänseblümchen, abgezupfte Löwenzahnblüten.

Rein pflanzliche Alternative
Anstelle der Milch die gleiche Menge mit ungezuckerter Sojamilch ersetzen. Soja ist sehr eiweißhaltig, bindet ähnlich gut wie Eier und kann sie gut ersetzen. Für eine goldgelbe Farbe eine Prise Kurkuma hinzufügen. Statt der Butter empfehle ich Alsan in Bio-Qualität.

Brennnessel-Crêpes mit Schaffrischkäse

Magrit Krenn, Verein Naturpark Zirbitzkogel-Grebenzen

Zubereitung

Brennnessel pflücken, im Sieb abspülen und für 1 Minute in kochendem Wasser blanchieren.

Die Hälfte der blanchierten Brennnessel für den Crêpesteig pürieren, die andere Hälfte grob hacken und beiseite stellen.

Brennnesselpüree mit Milch, Mineralwasser, Mehl, Eiern und Gewürzen mischen und 30 Minuten quellen lassen. Anschließend in etwas Öl dünne Crêpes herausbacken.

Für die Füllung die gehackten Brennnesseln, den Schaffrischkäse, die getrockneten Tomaten und Gewürze mischen und abschmecken.

Den Backofen auf 120°C Umluft vorheizen.
Die Crêpes mit je einem Esslöffel der Fülle belegen und wie ein Päckchen mit den Schnittlauchhalmen zubinden. Alternativ können sie auch gerollt werden.
Im Backofen ca. 15 Minuten erwärmen.

Dazu passt hervorragend ein Wildkräutersalat.

Mein Geheimtipp

Am besten frische Brennnesselblätter vom Frühjahr nehmen. Sie sind reich an Eisen. Wer keine Möglichkeit zu sammeln hat, kann auch Spinat nehmen.

Für das Naturpark-Programm „Genussvoll ins Gras beißen" wurde dieses Rezept wegen der allgegenwärtigen Brennnessel entwickelt, um diese kulinarisch zu verwenden.

Zutaten

Teig:
_ 300 g Brennnessel (ggf. mit Giersch/ Spinat mischen)
_ 200 ml Milch
_ 50 ml Mineralwasser
_ 2 Eier
_ 170 g Mehl glatt
_ Salz
_ Pfeffer
_ 4 EL Öl zum Braten

Füllung:
_ 150 g Schaffrischkäse
_ evtl. getrocknete Tomaten
_ evtl. Knoblauch
_ Salz
_ Pfeffer
_ Muskatnuss
_ Schnittlauchhalme zum Binden

Zusatztipp
Die Schülerinnen und Schüler der VS 22 Ponfeld nutzen immer die Restwärme der abgestellten Herdplatte für ihre letzten Palatschinken. Diese schmecken ihnen warm, kalt und auch als Suppeneinlage und halten sich mehrere Tage im Kühlschrank. All das gilt auch für diese Crêpes.

Kräutis-Kräuterzwerg-Karottenburger

Volksschule Sörg

Das Gericht kommt aus unserem Kräuti-Kräuter-Geschichtenbuch. Es handelt von unserem Schulkräuterzwerg, der bei uns im Schulgarten lebt. Er wurde von Schulkindern erfunden und gezeichnet. Jedes Jahr erlebt er neue spannende und von SchülerInnen selbst geschriebene Abenteuer. Im Buch gibt's noch weitere Rezepte zum Nachkochen. Zudem werden auch Kräuter und deren Wirkung beschrieben.

Zubereitung

Backrohr auf 150°C Ober-/Unterhitze vorheizen.

Karotten waschen, putzen und fein reiben. Zwiebel fein hacken. Mehl, Eier, Zwiebel, Petersilie, Dille und Salz zu den Karotten geben und zu einer kompakten Masse verarbeiten.

In einer Pfanne Öl erhitzen. Laibchen formen und beidseitig auf kleiner Flamme goldgelb anbraten. Die Burger anschließend für ca. 10-15 Minuten in einer hitzebeständigen Auflaufform im Rohr bei 150°C fertig garen.

Dazu schmeckt: eine Kräutersauce und grüner Salat. Für die Kräutersauce zunächst die Kräuter mit 2 EL Joghurt im Stabmixer zerkleinern. Danach restliches Joghurt unterrühren und mit Salz, Pfeffer und eventuell etwas gehacktem Knoblauch abschmecken.

Unser Geheimtipp

Kann prima kalt gegessen werden, aber auch nochmals zu einem Karotten-Erdäpfelauflauf abgewandelt werden.

Zutaten

- 500 g Karotten
- 1 kleine Zwiebel
- 4 EL Vollkornmehl
- 2 Eier
- 1 EL Petersilie
- 1 EL Dille
- 1 EL Schnittlauch
- Salz
- Öl zum Anbraten
- Basilikumblätter zum Dekorieren

Kräutersauce:
- 2 EL frische Kräuter
- 250 ml Joghurt
- Salz, Pfeffer
- ev. etwas gehackter Knoblauch

Rein pflanzliche Alternative

Statt der Eier kann man 2 Esslöffel geschroteten Leinsamen in 50 ml Wasser quellen lassen und unter die Massen binden. Für eine goldgelbe Farbe eine Prise Kurkuma hinzufügen.

WUSSTEN SIE, DASS ...

... man mit den äußeren Schalen von braunen und roten Zwiebeln kostengünstig und umweltschonend Eier färben kann? Im Internet gibt es zahlreiche Anleitungen dazu und mit meinen beiden Söhnen habe ich schon einige Kunstwerke produziert. Besonders schön ist es, wenn man mit Hilfe von Blättern, die mit einer alten Strumpfhose fixiert werden, Muster auf die Eier zaubert. Also Zwiebelschalen nicht wegwerfen, sondern sammeln – das nächste Osterfest kommt bestimmt und die selbst dekorierten Ostereier eignen sich nicht nur für den Osterbuschen, sondern auch als Mitbringsel für Großeltern!

Sigrid Ranger, Umweltdachverband

HAUPTSPEISE ● VEGETARISCH ● ALLERGENE: C ● 4 PORTIONEN

Wildkräuter-Pizzablume

Maria Aigner, NMS St. Michael

Als Lehrerin und Kräuterpädagogin besuche ich immer wieder Fortbildungen. Bei meinem letzten Seminar in Schlierbach habe ich dieses wunderbare Gericht kennengelernt.

Zubereitung

Teig: Aus Germ, Zucker und etwas warmem Wasser einen Vorteig zubereiten und 10-15 Minuten gehen lassen.
Mehlsorten mit Salz mischen, mit Vorteig und dem restlichen warmen Wasser 10 Minuten kneten. Danach den Teig abschlagen. Dazu wird der lockere Teig mehrmals kraftvoll auf die Arbeitsfläche geworfen. Danach weitere 30 Minuten gehen lassen. Anschließend das Olivenöl dazukneten.

Fülle: In der Zwischenzeit Zwiebel und Knoblauch fein schneiden und in Öl anbraten, Champignons und Wildkräuter klein schneiden, zugeben und dünsten – alles auskühlen lassen.
Käse in Würfel schneiden. Mit Tomatensugo, Ei, Gewürzen und Bröseln mischen und zu einer streichfähigen Masse vermengen.

Den Teig halbieren und daraus zwei Kreise ausrollen. Auf den ersten Kreis die Fülle streichen und den zweiten darauf legen.
In der Mitte des Kreises einen kleinen Kreis andeuten – z. B. mit einer Teetasse oder einem Untersetzer, je nachdem wie groß die Blumenmitte werden soll. Für die Blätter der Blume den Teig vom Kreisrand in der Mitte bis an den Rand in 12-16 gleich große Stücke teilen, wie eine Torte. Der innere Kreis hält sie zusammen. Dann ein Tortenstück hoch heben und den Teig zweimal nach rechts drehen. Nun das nächste Tortenstück in die Hand nehmen und dieses zweimal nach links drehen. So mit den restlichen Stücken weiter fortfahren. Immer abwechselnd nach rechts und links drehen. Zum Schluss jeweils ein rechts und ein links gedrehtes Tortenstück zusammenschieben, sodass sie gemeinsam ein Blütenblatt ergeben.

Das Backrohr auf 180° Ober-/Unterhitze vorheizen.
Pizzablume mit Käse bestreuen und nochmals aufgehen lassen.
Dann für 35 Minuten bei 180°C im Backrohr backen.

Mein Geheimtipp

Durch das Abschlagen wird das Kohlendioxid aus der Masse gepresst und der Teig geht im Backrohr gleichmäßig auf.

HAUPTSPEISE ● VEGETARISCH ● ALLERGENE: A, C ● 6 PORTIONEN

Zutaten

Teig:
_ 30 g Germ
_ 1 Prise Zucker
_ ca. 250 ml lauwarmes Wasser
_ 250 g Dinkelvollmehl
_ 250 g Dinkelmehl
_ 1 TL Salz
_ 2 EL Olivenöl

Fülle:
_ 100 g Zwiebel
_ 1 Knoblauchzehe
_ Pflanzliches Öl zum Anbraten
_ 200 g Champignons
_ 1 Handvoll Wildkräuter (z. B. Giersch, Brennnessel, Vogelmiere, Bärlauch, Spitzwegerich oder Spinat, Mangold)
_ 100 g würziger Bergkäse
_ 4 EL Tomatensugo
_ 1 Ei
_ 1 EL Brösel
_ Kräutersalz
_ Pfeffer
_ Dost/Majoran
_ Oregano
_ Brösel

Veganes Gersten-Risotto mit grünem Spargel und Pilzen

Sara Wolff

Mein Freund und ich hatten den Bus nach Bozen gerade so erwischt und kamen nach einer langen Fahrt mit einem Bärenhunger an. Im Café bestellten wir das Gerstenrisotto – und es war das Beste, das wir je gegessen hatten. Seitdem verbinde ich mit Spargel-Risotto die Erinnerung an einen wunderbaren Urlaub.

Zubereitung

1 Liter Wasser im Wasserkocher kochen.

Die Zwiebeln fein hacken und mit 2 EL Öl in einem großen Topf auf mittlerer Hitze andünsten. Die Knoblauchzehe pressen und ebenfalls in den Topf zu den Zwiebeln geben.
Nun die Rollgerste dazugeben und kurz mit den Zwiebeln anbraten und alles mit 500 ml heißem Wasser und dem Wein ablöschen. Alles gut umrühren und den Suppenwürfel hinzufügen. Den Herd auf mittlere Hitze stellen und die Gerste köcheln lassen.

Ab jetzt immer wieder einen großen Schluck Wasser dazugeben, bis eine cremige Konsistenz entsteht und die Körner weich, aber noch bissfest – sprich al dente – sind.

Während die Gerste ca. 20-30 Minuten köchelt, den Spargel waschen, die holzigen Enden abschneiden und die einzelnen Stangen dann schräg in ca. 4 cm lange Stücke schneiden. Die frischen Pilze in Scheiben schneiden. Den Spargel in einer Pfanne bei mittlerer Hitze in 2 EL Öl andünsten, dann die Pilze hinzufügen und alles ein paar Minuten anbraten lassen. Der Spargel sollte durch, aber noch knackig sein. Mit Salz und Pfeffer abschmecken.

Sobald das Risotto im Topf seine cremige Beschaffenheit erreicht hat, die Pilze und den Spargel unterrühren und mit Salz und Pfeffer abschmecken.
Das Risotto heiß und frisch mit der Petersilie servieren.

Mein Geheimtipp

Risotto lässt sich sehr gut ein paar Tage im Kühlschrank aufbewahren. Um beim Kochen bis zu 65% der Energie zu sparen, unbedingt den Deckel auf den Topf legen.[18]

Zutaten

- 1 Liter heißes Wasser
- 2 große Zwiebeln
- 4 EL Öl
- 1 Knoblauchzehe
- 300 g Rollgerste
- 100 ml trockener Weißwein
- 1 Suppenwürfel
- 1 Bund grüner Spargel
- 250 g frische oder getrocknete Pilze
- Salz und Pfeffer
- Petersilie zum Garnieren

Zusatztipp zum Rezept
Auf fertige Suppenwürze verzichten und einfach selber machen: siehe Seite 111

Knäckebrot & Radieschen-Kresse-Aufstrich

Nicol Mairhofer & NMS St. Michael i. O.

Die NMS St. Michael betreibt seit fünf Jahren einen Schulgarten. Radieschen zählen zum Lieblingsgemüse unserer SchülerInnen, nicht nur weil sie gut schmecken, sondern auch weil es von der Aussaat bis zur Ernte nicht lange dauert: Wir können der Kresse beim Wachsen förmlich zusehen. Unser Schulbuffet wird jeden Tag in der Früh von einer anderen Klasse vorbereitet und der Aufstrich ist dabei ein Renner!

Zubereitung

Knäckebrot

Das Backrohr auf 200°C Heißluft vorheizen.

Alle Zutaten der Reihe nach in eine Schüssel geben und mit einer Gabel gut vermengen.

Die Hälfte der Masse auf einen Backpapierbogen geben und darüber einen zweiten Backpapierbogen legen. Den Teig zwischen den beiden Backpapierbögen ca. 3-4 mm dick auswalken und auf ein Backblech ziehen.

Mit der zweiten Hälfte der Masse gleich verfahren.

Mit einem Messer die gewünschte Anzahl an Stücken einritzen, damit man das Brot danach besser in Stücke brechen kann.

Beide Backbleche in den Ofen schieben und den Teig ca. 20 Minuten hellbraun backen.

Nach ca. 10 Minuten die Bleche tauschen und eventuell die Randstücke, die schneller braun sind, vorher herausnehmen. Manchmal braucht es auch etwas länger als 20 Minuten.

Das Knäckebrot sollte nicht mehr weich sein, aber auch keinesfalls zu dunkel, da es dann schnell verbrannt schmeckt.

Auf einem Gitter gut auskühlen lassen und in Blechdosen aufbewahren. Das Knäckebrot ist ca. 2-3 Wochen haltbar.

Radieschen-Kresse-Aufstrich

Radieschen und Kresse fein hacken. Magertopfen und Gewürze zugeben und alles gut vermischen. Noch einmal abschmecken und mit der restlichen Kresse garnieren.

Unser Geheimtipp

Die Kresse kann durch Schnittlauch oder Petersilie ersetzt werden.

> Ursprünglich stammt das Knäckebrot-Rezept aus dem Internet, ich habe es aber jedoch um einige Zutaten erweitert und verfeinert.
> *Nicol Mairhofer*

Zutaten

Knäckebrot (2 Backbleche):
- 210 g Dinkelvollkornmehl
- 80 g Leinsamen
- 80 g Sonnenblumenkerne
- 80 g Flockenmischung oder Haferflocken
- 70 g Kürbiskerne oder Sesam oder beides gemischt
- 1,5 TL Steinsalz, fein
- 1 TL Rosmarin
- 1 TL Thymian 70 g Parmesan, grob gerieben
- 40 ml Rapsöl
- 250-280 ml Wasser

Radieschen-Kresse-Aufstrich:
- 6-8 Radieschen
- 3 EL Kresse
- 250 g Magertopfen
- Kräutersalz
- Pfeffer
- 1 EL Kresse zum Garnieren

Rein pflanzliche Alternative
Pflanzliche Alternativen für Topfen in guter Qualität gibt es im Reformhaus auf Basis von Mandeln, beispielsweise vom Wiener Betrieb „Hiel".

WUSSTEN SIE, DASS ...

Wenn die ersten Bienen ausfliegen, ist die warme Jahreszeit nicht mehr fern. Wir haben in unserem Garten drei Bienenstöcke und setzen viele Blühpflanzen, damit die Insekten und die Bienen ein reichhaltiges Nahrungsangebot haben. Für die Wildbienen haben wir Nistmöglichkeiten eingerichtet, da auch die Wildbienen wichtige Bestäuber sind und zur Artenvielfalt beitragen. Dem geschäftigen Treiben der Bienen kann man stundenlang zusehen: So eine Biene sammelt in einem Radius von bis zu drei Kilometern, sie fliegt bis zu 13-mal am Tag aus, um Nektar und Pollen zu sammeln und trägt ein Vielfaches ihres Körpergewichts zurück zum Stock. Abhängig vom Wetter und Trachtangebot werden im Durchschnitt pro Bienenvolk rund 15 Kilo Honig produziert. Wenn man sich überlegt, dass das Bienenvolk für einen Kilo Honig eine Strecke von 40 000 bis 120 000 Kilometer zurücklegen muss, schätzt man Honig noch mehr. Übrigens: Die einzelne Honigbiene kann nur in der Gemeinschaft des Volkes überleben. Und als Bestäuber haben Bienen für uns Menschen eine zentrale Rolle in der Produktion unserer Lebensmittel.

Sabine Brezina, Mit-Bioimkerin, Umweltdachverband

WUSSTEN SIE, DASS ...

... trotz übervoller Regale in den Geschäften doch immer das Gleiche am Teller landet? Von den rund 50.000 Pflanzenarten, die weltweit als essbar gelten, sind nur (noch) 30 relevant für die Welternährung. Sogar im bunten Obst- und Gemüseregal findet man nur wenige Sorten.
Gründe für diese Verarmung sind die rationalisierte Landwirtschaft, von Industrie und Handel festgelegte Qualitätsdefinitionen und die Konzentration des Saatgutmarktes auf wenige Konzerne.
Dies ist ein Plädoyer für mehr Vielfalt am Teller: Gärten, Felder und Teller sollten wieder bunter werden. Gelingen kann das nur, wenn sich der Erhalt der Vielfalt für die LandwirtInnen und GärtnerInnen rentiert, also die Nachfrage nach alten, selteneren Sorten wieder steigt. Als Dank bekommen die KonsumentInnen mehr Aroma, Geschmack und gesundheitsfördernde Inhaltsstoffe.
Zu finden sind Mangold, Malabarspinat, Pastinake, Spitzkraut, Butterbohnen, Ochsenherztomaten und Co übrigens auf Märkten, in Hofläden, in CSA-Betrieben oder auf Selbsterntefeldern. Auch der österreichische Handel bietet gezielt alte Sorten an. Greifen Sie zu, denn jeder Griff ins Regal ist eine Bestellung. Was nachgefragt wird, wird auch kultiviert!

Rosemarie Zehetgruber, gutessen consulting

Sommer

Grünkernsalat mit Schafskäse

Marianne Liszt, HLW an der HBLA Oberwart

40

Zubereitung

Grünkern in Wasser einweichen und für ca. 8 Stunden oder über Nacht aufquellen lassen.

Danach bissfest in Orangensaft kochen. Den gekochten Grünkern kaltstellen.

Gurke und Paprika waschen und in kleine Würfel schneiden. Zwiebel und Schnittlauch fein schneiden. Cocktailtomaten würfeln.

Aus Salz, Pfeffer, Essig, Öl und Kräutern eine Salatmarinade herstellen. Marinade mit kleingeschnittenem Gemüse und dem kalten Grünkern vermischen. Den Salat ca. 1 Stunde ziehen lassen.

Schafskäse in kleine Würfel schneiden und die Oliven halbieren. Salat in kleine Schüsseln füllen und mit Schafskäse und Oliven garnieren.

Unser Geheimtipp

Durch das lange Einweichen kann erheblich Energie eingespart werden.

Dieses Gericht lässt sich gut vorbereiten und in der Schule oder im Büro genießen. Es ist definitiv eine Konkurrenz für den klassischen Thunfischsalat. Je nach Saison kann man das Gemüse anpassen.

> Grünkern ist unreif geernteter Dinkel und wird in Österreich angebaut.

Zutaten

Salat:
- 100 g Grünkern
- 200 ml Orangensaft
- 1 Paprika grün
- 1 kleine Gurke
- 1 kleine rote Zwiebel
- 1 Bund Schnittlauch
- 100 g Cocktailtomaten
- 300 g Schafskäse
- 150 g schwarze Oliven, entkernt
- 150 g grüne Oliven, entkernt

Kräuterdressing:
- 30 ml Kräuteressig
- 60 ml Leinöl
- Salz
- Pfeffer
- 1 Msp. gehackter Thymian
- 1 Msp. geschnittener Rosmarin

VORSPEISE ● VEGETARISCH ● ALLERGENE: A, G ● 4 PORTIONEN

Kohlrabi-Carpaccio

HBLA Elmberg, 2U

Zubereitung

Kohlrabi schälen und mit Hobel oder Brotschneidemaschine in hauch-dünne Scheiben schneiden.

Klare Marinade zubereiten aus Essig, Öl, Salz, Pfeffer, Zucker und Kräutern.
Topfen, Gervais, Knoblauch und Gewürze verrühren und gut abschmecken. Tomaten schälen, entkernen und in Würfel schneiden.

Kohlrabischeiben auf Teller auflegen und marinieren. Die Gervais-Creme in der Mitte aufspritzen. Mit Vogerlsalat, Tomatenwürfeln, Kürbiskernen und Kräutern garnieren. Mit Baguette oder Jourgebäck servieren.

Unser Geheimtipp

Es können auch andere Öle und Samen verwendet werden.

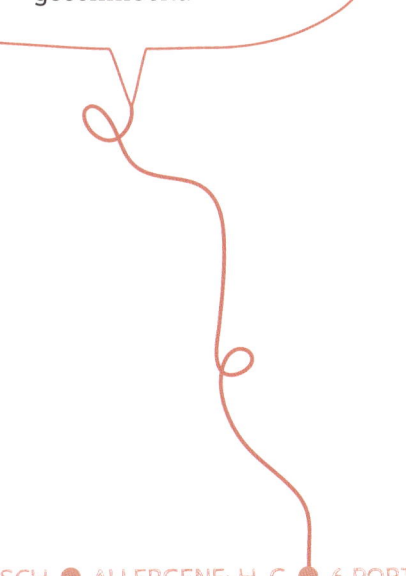

Dieses Gericht wurde in der HBLA Elmberg im 1. Jahrgang gekocht und es hat allen sehr gut geschmeckt.

Zutaten

Carpaccio:
_ 250 g Kohlrabi

Dressing:
_ 10 ml Weißweinessig
_ 30 ml Kürbiskernöl
_ Salz und Pfeffer
_ Zucker
_ Kräuter

Gervais-Creme:
_ 50 g Topfen
_ 40 g Gervais (oder Hütten-käse)
_ 1 gehackte Knoblauchzehe
_ Salz und Pfeffer
_ Kräuter

Garnitur:
_ 150 g Tomaten
_ 50 g Vogerlsalat
_ 20 g geröstete Kürbiskerne

Imamin bayildi

Margit Krammer

Zubereitung

Das Backrohr auf 180˚C Ober-/Unterhitze vorheizen.

Für die Füllung Zwiebel und Knoblauch schälen und fein hacken. Tomaten in grobe Stücke schneiden und in einer großen Schüssel mit Zwiebel, Knoblauch, Dille, Petersilie, Zimt, Salz, Pfeffer und 3-5 EL Öl vermischen.
Zucchini der Länge nach halbieren.

3 EL Öl in einem feuerfesten Kochtopf erhitzen und die Zucchini auf der Schnittfläche anbraten, bis sie ein bisschen braun sind. Dann auf die Schalenseite umdrehen. Die Tomaten-Zwiebel-Knoblauch-Gewürzmischung auf den Zucchinihälften und darum verteilen. Das Wasser dazu gießen.

Eventuell auf jede Zucchinihälfte einen Pfefferoni legen. Den Deckel daraufsetzen und den Kochtopf für 60 Minuten ins Backrohr stellen.

Als Beilage passt Reis oder Weißbrot.

> Die türkische Küche kennt das Rezept „Imam bayildi", das als Basis Melanzani aufweist. „Imam bayildi" bedeutet „Der Imam fiel in Ohnmacht". Wahrscheinlich war er vom Geschmack des Gerichts überwältigt. Mit Zucchini schmeckt das Rezept ebenso gut. Da die Zucchini eine schlankere Frucht ist, habe ich ein „weibliches" Pendant dazu gekocht.

Zutaten

Füllung:
- 2 große Zwiebel
- 5 Knoblauchzehen
- 500 g Tomaten
- 2 EL Dille, fein gehackt
- 4 EL Petersilie, grob gehackt
- 1 Prise Zimt
- Salz und Pfeffer
- 3-5 EL Rapsöl

Zucchini:
- 3 EL Öl
- 4 mittelgroße Zucchini
- 100 ml Wasser
- 8 eingelegte Pfefferoni als Garnitur

HAUPTSPEISE ● VEGAN ● ALLERGENE: – ● 4 PORTIONEN

Topfen-Hirseauflauf mit Fruchtsoße

Katharina Feichtinger-Ziniel, Landwirtschaftliche Fachschule Poysdorf

Zubereitung

Die Hirse kann bereits in der Früh weichgekocht werden, damit diese dann gut abgekühlt ist. Hirse in einem Sieb mit sehr heißem Wasser abspülen, um die Bitterstoffe zu entfernen und danach in 750 ml Milch weichkochen.

Das Backrohr auf 180°C Ober-/Unterhitze vorheizen und eine Auflaufform einfetten.

Weiche Butter und Zucker bzw. Honig sowie Vanillezucker schaumig rühren. Eier trennen und die Eidotter zur Zucker-Butter-Mischung hinzufügen und kurz weiterrühren. Zum Schluss Topfen dazu rühren. Eiklar mit dem Kristallzucker steif schlagen.

Die Masse mit der ausgekühlten Hirse mischen, Schnee unterheben, in eine eingefettete Auflaufform füllen und für 30-40 Minuten backen.

Erdbeeren oder Himbeeren vorsichtig und nur kurz waschen, abtropfen lassen, pürieren und mit Zucker bzw. Honig sowie Zitronensaft verfeinern.

Unser Geheimtipp

Um Energie zu sparen, kann man auch die Milch zum Kochen bringen und Hirse dazugeben. Auf niedriger Garstufe fertig dünsten, bis die Flüssigkeit von der Hirse aufgesogen ist.

> Es ist das Lieblingsessen meiner Kinder. Ich habe das Rezept von einer ehemaligen Kollegin, der „Vollwert"-Oma, etwas abgeändert.

Zutaten

Auflauf:
_ 200 g Hirse
_ 750 ml Milch (ersatzweise Mandel- oder Reisdrink)
_ 100 g Butter
_ 4-5 EL Honig oder Staubzucker
_ 1 Pkg. Vanillezucker
_ 4 Eier (Eigelb und Eiklar getrennt)
_ 250 g Topfen
_ 4 EL Kristallzucker

Fruchtsoße:
_ 300-400 g Himbeeren oder Erdbeeren
_ Saft einer ½ Zitrone
_ Honig nach Bedarf zum Süßen

HAUPTSPEISE ● VEGETARISCH ● ALLERGENE: C, G ● 4 PORTIONEN

Nudelsalat à la 16er Haus

Stefan Höppel

Zubereitung

Man kann den Nudelsalat für alle in einer Schüssel anmachen oder die Zutaten werden in kleinen Schüsseln angerichtet und jede Person stellt sich ihren eigenen Nudelsalat zusammen.

Nudeln in gesalzenem Wasser laut Packungsangabe kochen und beiseite stellen. Sonnenblumenkerne ohne Zugabe von Öl in einer beschichteten Pfanne goldbraun rösten.
Gemüse waschen und abtrocknen. Cocktailtomaten und rote Zwiebel würfelig schneiden. Rucola oder Babyspinat klein zupfen. Feta klein bröseln.
Alle Zutaten vermengen und mit Salz, Pfeffer und mediterranen Kräutern würzen. Die fertige Mischung mit Basilikumpesto und rotem Balsamicoessig je nach Geschmack ergänzen und vermengen.

Zutaten

Nudelsalat:
- 500 g getrocknete Nudeln (z. B. Fusilli)
- 1 große rote Zwiebel
- 300-400 g rote Cocktailtomaten
- 2-3 Hände Babyspinat oder Rucola (je nach saisonaler Verfügbarkeit)
- 150-200 g Feta
- 4 EL Sonnenblumenkerne

Dressing:
- roter Balsamicoessig
- Basilikumpesto
- mediterrane Kräuter (z. B. Rosmarin, Thymian, Basilikum, Oregano)
- Salz
- Pfeffer

*I*ch wohne mit meiner Freundin und meinen Eltern auf einem alten Vierkanthof. Ein- bis zweimal im Monat essen wir alle gemeinsam und dabei wird immer dieses Gericht zubereitet. Wir richten alle Zutaten in kleinen Schüsseln an und jede Person mischt sich den eigenen Nudelsalat je nach Präferenzen zusammen. Das ist bereits eine kleine Tradition und wir freuen uns immer richtig auf unsere Ess-Treffen.

Zusatztipp zum Rezept
Pesto selbst machen: siehe Seite 112

Zusatztipp zu Nudelgerichten
Frau Lisa Stelz und die 3c Klasse der NMSi Feuerbachstraße 1 in 1020 Wien empfehlen: Wasser für die Nudeln nicht im Kochtopf, sondern im schnellen Wasserkocher kochen.
Probieren Sie anstatt der „normalen" Nudeln auch Kichererbsen- oder Linsennudeln, v. a. wenn Sie glutenhaltiges Getreide nicht vertragen. Viele Nudelgerichte schmecken übrigens am nächsten Tag noch besser!

HAUPTSPEISE • VEGETARISCH • ALLERGENE: A, G • 3 PORTIONEN

Polentapizza in zwei Variationen

Maria Muster, Margit Weingast und Ingrid Haas, Sonnenhaus Leibnitz

Zubereitung

Wasser mit Salz aufkochen lassen, von der Platte ziehen, Polenta einrühren und auf der Platte 15 Minuten weiter ausquellen lassen. Danach auf ein geöltes Blech flach aufstreichen.

Backrohr auf 180°C Ober-/Unterhitze vorheizen.

Belag rot:

Zwiebel klein schneiden und rösten, Karotten klein schneiden und dazugeben. Zucchini/Fenchel ebenfalls klein schneiden und 15 Minuten mitrösten lassen. Danach Tomatensoße hinzufügen und würzen. Soße auf die eine Hälfte der Polenta streichen und mit geriebenem Käse bestreuen.

Belag grün:

Das Spinatgrün und die Wildkräuter 6 Minuten in Salzwasser kochen. Lauch in feine Ringe schneiden und in Öl rösten. Spinatgrün mit in die Pfanne geben und mit Salz, Pfeffer und Knoblauch würzen. Den grünen Belag auf der anderen Hälfte der Polenta verteilen. Schafskäse klein schneiden und darauf verteilen.

Die Polentapizza 30 Minuten bei 180°C im Rohr backen.

Zusatztipp zum Rezept
Marlene Fritz und die Studierenden der Privaten Pädagogischen Hochschule der Diözese Linz haben sich auch auf die Suche nach einem klimafreundlichen Pizzarezept gemacht. Ihr klarer Favorit war eine Rote-Rübenpizza, die immer Saison hat.

Die Polentapizza ist eine tolle Variation der „klassischen" Pizza. Durch die beiden unterschiedlichen Beläge ist für jeden Geschmack etwas dabei.

Zutaten

Teig: :
_ 2,5 l Wasser
_ 800 g Polenta
_ Salz
_ Muskatnuss
_ Olivenöl

Belag grün:
_ 750 g Blattspinat, Giersch, Brennnessel, Kräuter, Melde, Radieschengrün
_ 1 Lauchstange
_ 3 Knoblauchzehen
_ Salz, Pfeffer
_ 200 g Schafskäse

Belag rot:
_ 3 Zwiebel
_ 3 Zucchini
_ 3 Karotten und Fenchel
_ 1 Fl. Tomatenpolpa / Passata, dickflüssig
_ 3 Knoblauchzehen
_ Oregano
_ Pfeffer, Salz
_ 200 g Gouda

Rein pflanzliche Alternative
Beim roten Belag einfach den Gouda weglassen oder einen veganen Pizza-Schmelzkäse probieren.

HAUPTSPEISE ● VEGETARISCH ● ALLERGENE: G ● 10 PORTIONEN

Ratatouille-Pasta

Berivan Pfisterer und Lisa Schwendinger, HBLA Elmberg

Zubereitung

Melanzani, Zucchini, Paprika und Tomaten waschen und in Würfel schneiden. Die Zwiebel kleinwürfelig schneiden und in einer großen Pfanne in etwas Olivenöl dünsten. Tomaten und Tomatenmark dazugeben und mit Rosmarin, Salbei und Thymian andünsten. Das restliche Gemüse ebenfalls dazugeben und alles ca. 5-8 Minuten – mit Deckel darauf – garen.

Knoblauch pressen und hinzufügen, gut verrühren und mit Gemüsesuppe aufgießen und aufkochen lassen. Spaghetti dazugeben und unter mehrmaligem Rühren garen. Nach ca. 10-12 Minuten sollte alles gar sein. Mit Salz, Pfeffer und Zucker abschmecken.

Unser Geheimtipp

Das Rezept eignet sich auch wunderbar als Verwertung von übrig gebliebenen Gemüseresten.

WUSSTEN SIE, DASS …

… Italiener und Italienerinnen die Nudeln niemals mit kaltem Wasser abschrecken? Dadurch würde der Stärkefilm abgewaschen, wodurch die Soße nicht mehr so gut an der Pasta haften kann.
Um zu vermeiden, dass die Pasta verklebt, empfiehlt sich ein großer Topf mit reichlich Wasser. Vor allem in den ersten paar Minuten der Kochzeit sollten die Nudeln – am besten mit einem langen Holzlöffel – hin und wieder umgerührt werden. Sobald die Nudeln al dente, also leicht bissfest, sind, werden sie ins Sieb gegossen, damit das Wasser abfließen kann. Bei unseren südlichen Nachbarinnen und Nachbarn werden die Nudeln dann sofort in der Sauce gewendet und damit zu einem Ganzen vereint.

Buon appetito!

Zutaten

- 1 Melanzani
- 1 Zucchini
- 1 Paprika (gelb und rot)
- 1 Zwiebel
- Olivenöl
- 2 Tomaten
- 1 EL Tomatenmark
- Rosmarin
- Salbei
- Thymian
- 1 Knoblauchzehe
- 750 ml Gemüsesuppe
- 250 g Spaghetti
- Salz und Pfeffer
- 1 TL Zucker

Zusatztipp zum Rezept
Auf fertige Suppenwürze verzichten und einfach selber machen: siehe Seite 111

Vegetarische Tortillas

Jennet Talkanova, NMS Graz-Webling mit angeschlossenen polytechnischen Klassen

Zubereitung

Alle Zutaten für die Tortillas in einer Schüssel zu einem glatten Teig verrühren und etwas quellen lassen.

Öl in einer Pfanne heiß werden lassen. Eine Kelle Teig eingießen und schwenken, bis der Pfannenboden mit einer dünnen Teigschicht bedeckt ist. Nach ca. 2 Minuten wenden und fertig backen. Fertige Tortillas abdecken und warm stellen.

Für die Fülle Zwiebel und Knoblauch schälen, hacken und in heißem Öl anrösten. Restliches Gemüse klein schneiden, kurz mitrösten und mit passierten Tomaten aufgießen. Mais dazugeben, pikant würzen und ca. 10 Minuten dünsten lassen.

Salatblätter waschen und in Streifen schneiden.

Für die Sauce Schnittlauch fein schneiden, mit Joghurt und Gewürzen vermengen.

Tortillas mit Sauce, Salat, Gemüse und Käse beliebig füllen, einrollen und gleich servieren.

Unser Geheimtipp

Wer keine Champignons usw. mag, kann andere regionale Zutaten verwenden.

> *W*ir haben einmal klassische Tortillas in der Schule gekocht. Da eine Schülerin Vegetarierin war, haben wir eben diese vegetarische Variante kreiert.

Zutaten

Teig:
- 2 Becher Maismehl
- 1 Becher Wasser
- ¼ TL Salz
- 1 Ei
- Öl zum Backen

Fülle:
- 2 EL Öl
- 1 Zwiebel
- 2 Frühlingszwiebeln
- 1 Knoblauchzehe
- 100 g Champignons
- 2 kleine Zucchini
- 250 ml passierte Tomaten
- 150 g Maiskörner
- 1 TL Oregano
- Paprika- und Chilipulver
- Salz
- Pfeffer
- 50 g Rucola
- 6 Salatblätter
- 100 g Käse, gerieben

Kräuter-Salsa
- 250 g Naturjoghurt
- ½ Bund Schnittlauch
- Salz und Pfeffer

Rein pflanzliche Alternative
Käse weglassen oder durch veganen Pizza-Schmelzkäse ersetzen.

Gebratene Wok-Nudeln mit Spiegelei

Raphael Eitzinger, Maximilian Holzmann und Raphael Zauner, BG Zaunergasse Salzburg

*W*ir haben im Deutsch-unterricht über umweltfreundliches Kochen gesprochen und unsere Gruppe hat sich dieses Rezept überlegt.

56

Zubereitung

Wenn die Nudeln frisch sein sollten, muss etwas mehr Zeit bei der Vorbereitung eingeplant werden – mit Ruhezeit des Teigs ca. 1 Stunde mehr.

Mehl auf Arbeitsfläche geben, Eier hineinschlagen und vermengen. Das Öl hinzugeben, bei Bedarf Wasser hinzufügen und die Mischung ausgiebig zu einem Teig kneten. Den fertigen Teig in eine Schüssel geben, mit Frischhaltefolie abdecken und mindestens 30 Minuten ruhen lassen.

Die Jungzwiebel in Ringe und die Karotten in Stifte schneiden, die Melanzani und den Paprika würfeln und das geschnittene Gemüse gemeinsam mit dem Mangold auf einem Teller bereitstellen.
Danach 1 EL Öl in den Wok geben und erhitzen. Sobald das Öl heiß ist, die Jungzwiebel zugeben und anschwitzen. Anschließend nach und nach das restliche Gemüse hinzugeben: erst die Karotten, dann den Paprika und schließlich die Melanzani. Zum Schluss Mangold dazu und kurz mitdünsten.

Jetzt den Teig dünn ausrollen und am besten mit einer Nudelmaschine in die gewünschte Form schneiden, z. B. Tagliatelle. Danach ca. 6-8 Minuten bissfest kochen.

Nach der Kochzeit abseihen und zum Gemüse geben. Einige Minuten bei ständigem Rühren im Wok braten. Die Sojasauce hinzugeben, noch einmal kräftig umrühren und weitere 5 Minuten braten.

Inzwischen in einer zweiten Pfanne etwas Öl erwärmen, die Eier hineinschlagen und braten.

Die Nudeln im Wok abschließend mit Zitronensaft, Salz und Pfeffer würzen und auf dem Teller anrichten. Pro Teller je ein Spiegelei über die Nudeln legen und mit Salz und Pfeffer würzen.

Unser Geheimtipp

Das Rezept eignet sich zur Resteverwertung, da die Gemüsesorten je nach Bedarf durch andere ersetzt werden können. Für ein veganes Gericht die Spiegeleier weglassen, sie sind nicht notwendig.

HAUPTSPEISE ● VEGETARISCH ● ALLERGENE: F, A, C ● 4 PORTIONEN

Zutaten

Nudeln:
- 300 g Mehl
- 3 Eier
- etwas neutrales Pflanzenöl (z. B. Rapsöl)

Gemüsepfanne:
- 1 EL Öl
- 2 Jungzwiebeln
- 2 große Karotten
- 2 Paprika
- ½ Melanzani
- 5 Blätter Mangold
- 40 ml Sojasauce

- 4 Eier und Öl zum Anbraten
- Saft einer Zitrone
- Salz und Pfeffer

Seewinkler veganer Kebab

mit Pfeffermarille, Tofucreme und Wildkräutersalat

Thomas Krejci, Mario Bachhofer, Manuel Mitterberger, Laszlo Bakos und Manuel Böck,
St. Martins Therme & Lodge

Zubereitung

Reihenfolge der Herstellung: 1. Brotteig anfertigen, gehen lassen 2. Marille einkochen 3. Spieße herrichten 4. Tofucreme herstellen 5. Brot backen 6. Salat herrichten 7. Spieße grillen 8. Salat marinieren.

Apfelessigbrot:

Angegebene Mehlsorten mischen und mit einer Vertiefung in der Mitte auf sauberer Arbeitsfläche häufen. Germ und Salz in Apfelessig, Honig und Wasser auflösen.

Germgemisch in die Vertiefung geben und vorsichtig einarbeiten. Nach etwa 5-8 Minuten intensiven Knetens entsteht ein glatter, leicht klebriger Teig. Den Teig zu einem flachen Laib formen und auf ein Backblech mit Backpapier legen. Mit einem mehlierten Tuch abdecken und bei Zimmertemperatur 1,5 Stunden gehen lassen.

Währenddessen Backrohr auf 220˚C vorheizen. Nach Ende der Gehzeit das Brot in das vorgeheizte Backrohr geben. Das Rohr die ersten 10 Minuten nicht öffnen. Nach 10 Minuten das Backrohr auf 200˚C zurückdrehen und 20 Minuten fertig backen. Probe: Wenn man das Brot umdreht, darauf klopft und es hohl klingt, dann ist es fertig!

Pfeffermarillen-Dressing:

Die Hälfte der Marillen halbieren und entkernen. Honig in einem kleinen Topf karamellisieren. Wenn der Honig zu schäumen beginnt, die weiteren Arbeitsschritte verfolgen, er wird dann schnell braun!

Pfeffer, Marillen und Wasser hinzugeben, kurz köcheln lassen.

Wenn die Marillen weich und leicht glasig sind, die Pfefferkörner entfernen. Im Mörser zu einer breiigen Konsistenz zerstoßen und zurück in den Topf gießen. Den Rest der Marillen, ebenfalls halbiert und entkernt, hinzugeben und kurz köcheln lassen.

Spieße:

Gemüse waschen, Zwiebel schälen, Paprika entkernen und alles in mundgerechte Stücke schneiden. Nach Belieben den Spieß mit Gemüse bestücken und salzen. Auf dem Holzkohlegrill oder am offenen Feuer grillen, bis das Gemüse gar ist.

Fortsetzung siehe nächste Seite!

Zutaten

Apfelessigbrot:
- 185 g Dinkelmehl, glatt
- 185 g Weizenmehl, glatt
- 100 g Roggenmehl, glatt
- 10 g frischer Germ
- 8 ml Apfelessig
- 5 g Honig
- 300 ml warmes Wasser
- 13 g Salz

Pfeffermarillen-Dressing:
- 6 Marillen
- 100 g Honig
- 5 Körner grüner Pfeffer
- 100 ml Wasser

Gemüsespieße:
- 1 Paprika, rot
- 1 Paprika, gelb
- 1 Zucchini
- 1 Zwiebel, rot
- 8 Cherrytomaten
- Alternative: eingelegtes Gemüse

Tofucreme:
- 220 g Tofu
- Gemüseabschnitte der oben angegebenen Zutaten
- 3 EL Öl
- Wildkräuter zum Würzen (z. B. Beifuß, Hirtentäschel)

Wildkräutersalat:
- pro Person eine Handvoll Spitzwegerich
- 2 Handvoll Schafgarbe
- 1 Handvoll Sauerampfer

Tofucreme:

Tofu mörsern. Gemüseabschnitte (v.a. Abschnitte und Enden der Zucchini) in einer hitzebeständigen Schüssel mit Öl vermengen und etwas salzen. Nach den ersten 10 Minuten kann der Backofen mit dem Brot geöffnet werden – die Gemüsereste werden dazugestellt, um sie weich zu garen. Die weich gegarten Gemüsereste im Mörser mit dem Tofu vermengen. Die Creme mit Salz, Pfeffer, Wiesenkräutern und einem Schuss Apfelessig abschmecken.

Wildkräutersalat:

Blätter sortieren, putzen, gegebenenfalls klein zupfen und gründlich in kaltem Wasser waschen.

Anrichten:

Das Brot vierteln und die Einzelteile horizontal bis knapp zur Kruste einschneiden, sodass sich eine Tasche ergibt. Die Innenseiten mit Tofucreme bestreichen. Wildkräutersalat in der Sauce der Pfeffermarille marinieren und zuunterst in das Brot geben. Die Marillen auf dem Salat verteilen, den Spieß ins Brot legen und das Gemüse mit den Brothälften festhalten und den Spieß entfernen.

Unser Geheimtipp

Das Brot kann auch im Dutch Oven gebacken werden.

Die Pfeffermarillen können in größeren Mengen eingekocht und abgefüllt werden. Die Marillenkerne können zum Ziehen neuer Pflanzen genutzt werden.

Alternativ zu frischem Gemüse kann eingelegtes Gemüse verwendet werden.

Das Küchen- und das Outdoorteam der St. Martins Therme & Lodge haben sich zusammengetan, um dieses Rezept zu kreieren. Die verwendeten Zutaten sind im Seewinkel regional verfügbar, die meisten Lieferanten sind von unserem Standort aus mit dem Fahrrad erreichbar. Bei der Herstellung sollten kaum Abschnitte anfallen und die Komponenten können haltbar gemacht werden.

WUSSTEN SIE, DASS …

Wir können mit der Auswahl unserer Lebensmittel auch die Zusammensetzung unserer Darmflora gezielt beeinflussen. Immer mehr Studien deuten darauf hin, dass wir mit einer abwechslungsreichen, pflanzenbasierten Ernährung das Wachstum von positiven Bakterien in unserem Darm fördern können, während mit der Aufnahme von stark verarbeiteten Fertigprodukten und zuckerhaltigen Speisen eher jene Bakterien wachsen, die zum Beispiel Entzündungen fördern. Grund dafür ist unter anderem eine hohe Aufnahme von Ballaststoffen, die den „guten Bakterien" im Darm als Nahrung dienen. Besonders empfehlenswert für den Darm sind außerdem fermentierte Lebensmittel, also alle Produkte, die gezielt mit Hilfe von Mikroorganismen wie Pilzen und Bakterien verändert wurden. Dazu zählen milchsauer vergorene Gemüse wie Sauerkraut oder Kimchi oder auch fermentierte Milchprodukte wie Kefir oder Joghurt und viele mehr! Auch wenn wir – ganz klimaschonend – mehr Hülsenfrüchte statt Fleisch auf unseren Tellern haben, freuen sich unsere Darmbakterien. Also ran an die köstlichen Linsen, Bohnen oder Kichererbsen!

Die Grundzutaten von Kimchi sind übrigens Chinakohl, Karotten, Rettich, Knoblauch und Salz. Es kann also hervorragend regional hergestellt werden. Auch andere Blattgemüse wie Bittersalate, Spinat oder Mangold lassen sich wunderbar mit Hilfe der Milchsäurebakterien veredeln. Inspirierende Rezepte dazu findet man auf zahlreichen Blogs begeisterter Fermentations-Fans – es darf experimentiert werden!

Andrea Fičala
Ernährungswissenschafterin und ausgebildete Köchin, esswerk

Bengalisches Gemüsecurry

Ronald Matthijssen

Dieses Rezept kommt aus der bengalischen Küche, d.h. aus Westbengalen und Bangladesch. In Indien wird etwas mehr Wasser verwendet, wodurch das Gericht flüssiger ist. Ich hatte mal einen Schwippschwager aus Bangladesch, der mir beigebracht hat, dieses Gericht zu kochen.

Zubereitung

Zwiebel schälen, halbieren und in hauchdünne Scheiben schneiden. Knoblauchzehe schälen und auf einer mittelgroßen Reibe klein reiben. Melanzani und Zucchini putzen und in 0,5 cm breite Würfel schneiden. In einer beschichteten Pfanne oder im Wok Öl stark erhitzen. Zwiebel in die Pfanne geben, etwas umrühren, gleichmäßig mit Salz bestreuen und etwa 2 Minuten dünsten lassen, bis die Zwiebelstreifen goldgelb sind. Den geriebenen Knoblauch dazugeben, umrühren und den Herd sofort zurückdrehen. 1 EL heißes Wasser hinzufügen und verdunsten lassen, damit Knoblauch nicht verbrennt und dadurch bitter wird. Die Gewürze nach und nach dazugeben und etwa 30 Sekunden mit der Zwiebel-/Knoblauchmasse verrühren. Nach und nach die Melanzani und die Zucchini hinzufügen und umrühren, bis alles gelb geworden ist. 125 ml Wasser hinzufügen, noch einmal umrühren und einen Deckel auf die Pfanne bzw. den Wok geben.

Etwa 5 Minuten kochen lassen und immer wieder kurz rühren, bis das Wasser vom Gemüse aufgenommen wurde. Wieder 125 ml Wasser hinzufügen und die Hitze so einstellen, dass das Gericht leicht köchelt. Deckel schließen und alle paar Minuten rühren und prüfen, ob das Gemüse schon gar ist: Es darf ruhig breiig werden. Nach ca. 10 Minuten sollte das Gemüse gar sein. Nach Bedarf nachsalzen.

Servieren mit Getreide (z. B. Reis, Hirse, Grünkern, Graupen), Linsenmus (Dhal) und in Zwiebeln angebratenen Erdäpfeln. Wer möchte, kann Zitronensaft über das Gemüse träufeln und rohe grüne Chilis dazu essen, denn das wäre die klassische Art.

Mein Geheimtipp

Damit's leichter geht: mit einem wirklich scharfen Messer schneiden. In größeren Mengen gekocht kann dieses Gemüsecurry gut eingefroren werden. Im Kühlschrank ist es 1-2 Tage haltbar.

Zutaten

- 2 EL Bratöl (geschmacksneutral, z. B. Sonnenblumen- oder Rapsöl)
- 1 weiße Zwiebel
- 1 Knoblauchzehe
- 1 TL Salz
- 1 TL Koriandersamenpulver
- 1 TL mildes Paprikapulver
- 1 TL Gelbpulver (Kurkuma)
- 1 TL Kreuzkümmelpulver (Kumin)
- 1 große Melanzani
- 2 mittelgroße Zucchini
- mind. 250 ml heißes Wasser zum Aufgießen

Energieriegel mit heimischem Superfood

Jakob Blien

Zubereitung

Wildobst lässt sich gut im Sommer oder Herbst sammeln und ist getrocknet lange haltbar.

Das Trockenobst und die Rosinen gemeinsam mit dem Saft in der Küchenmaschine oder mit Pürierstab mixen, sodass eine klebrige Masse entsteht. Anschließend das Sandornmark hinzugeben. Evtl. mit Honig nachsüßen. Die Mandeln unterheben, entweder mit den Händen kneten oder mit einer Gabel.

Nun die Masse auf zwei Oblaten verteilen und jeweils mit einer weiteren Oblate bedecken.

Alles gut zusammenpressen. Zum Beschweren eignet sich ein Kochbuch oder ein Schneidebrett.

Zum Schluss in die gewünschte Größe schneiden und genießen.

Mein Geheimtipp

Wer keine Oblaten mag oder bekommt, kann auch Kugeln formen und diese bei Bedarf in Kokos, Kakao oder gemahlene Nüsse wälzen. Sandornmark ist z. B. im Reformhaus oder in Drogeriemärkten erhältlich.

> Seit längerer Zeit beschäftige ich mich bereits mit unseren heimischen Wildpflanzen. Ich genieße es rauszugehen und Sachen zu entdecken, die schmackhaft sind. Als der Trend mit Superfoods aufkam, habe ich dieses Rezept entwickelt. Wir brauchen keine Superfoods aus aller Welt. Die österreichische Natur versorgt uns hervorragend damit!

Zutaten

- 125 g getrocknete Schlehen, Hagebutten oder anderes Obst (Zwetschgen, Marillen, Erdbeeren...)
- 150 g Rosinen
- 4 EL Apfelsaft oder andere Säfte
- 25 g Sandornmark
- 4 EL Honig
- 100 g gemahlene Nüsse oder Mandeln
- 4 große Oblaten, rechteckig

SNACK/JAUSE ● VEGETARISCH ● ALLERGENE: H ● 10 PORTIONEN

Süße Sommer-Pizza für Groß und Klein

Kinder der VS Bad Sauerbrunn und Lisa Maria Kerschbaumer

Zubereitung

Falls das Apfelmus frisch zubereitet wird, muss eine zusätzliche Zeit von ca. 15 Minuten eingeplant werden.

Das Backrohr auf 180°C Ober-/Unterhitze vorheizen.
Die Haferflocken und Flohsamen in eine Schüssel geben. Die Walnüsse klein hacken und mit den Haferflocken und den Flohsamen vermischen. Das Apfelmus hinzufügen und alles cremig rühren. Danach wie eine Pizza auf ein mit Backpapier ausgelegtes Backblech streichen und für 10 Minuten bei 180°C backen.
In der Zwischenzeit das Obst waschen. Nach der Backzeit die Pizza ein wenig auskühlen lassen. Anschließend mit Naturjoghurt bestreichen und mit dem Obst bestreuen.
In Stücke schneiden und servieren.

Unser Geheimtipp

Die Beeren aus dem Sommer lassen sich schockgefrieren, wodurch ihr Nährwert auch im Winter erhalten bleibt. Und das Apfelmus kann frisch im Winter konserviert werden.

> Die Sommer-Pizza ist ein Geschmackserlebnis der besonderen Art, das Kinder mit allen notwenigen Nährstoffen über den ganzen Tag versorgt. Lisa Kerschbaumer, Ernährungswissenschafterin, kocht und bäckt immer wieder mit den Kindern in der VS Bad Sauerbrunn. Ein Thema, das behandelt wurde, war die gesunde Nachspeise und da gibt es kaum etwas, das wir mehr empfehlen können als diese köstliche Sommer-Pizza.

Zutaten

Teig:
- 80 g Haferflocken
- 2 TL Flohsamen
- 20 g gehackte Walnüsse
- 200 g ungesüßtes Apfelmus

Belag:
- 5 EL Naturjoghurt
- 4 Handvoll Beeren, z. B. Heidelbeeren, Brombeeren, Himbeeren)

Rein pflanzliche Alternative
Es gibt hervorragende Alternativen für Kuhmilchjoghurt.

NACHSPEISE ● VEGETARISCH ● ALLERGENE: A, H, G ● 4 PORTIONEN

Wildbret schmeckt köstlich und ist Fleisch aus intensiver Massentierhaltung jedenfalls vorzuziehen. Außerdem ist es gesünder und verhältnismäßig günstig. Wer Fleisch für vertretbar hält und sich für dessen Herkunft interessiert, wird also am Fleisch von Wildtieren kaum vorbeikommen. Wichtig zu wissen wäre dabei allerdings, dass Hirsch und Wildschwein nicht zwingend „wild" leben, sondern auch aus Gatterhaltung stammen können. Gerade in der Gastronomie ist der Hirsch auf der Speisekarte nicht selten Neuseelandhirsch, der intensiv im Gatter am anderen Ende der Welt gemästet und dann gekühlt und vakuumiert um den Erdball gebracht wurde. Deshalb empfiehlt es sich, im Gasthaus nachzufragen. Denn nur wenn die Tiere wirklich in freier Natur gelebt haben, darf ihr Fleisch auch „Wildbret" genannt und als solches verkauft werden. Die Herkunft ist dann vollständig nachvollziehbar und bevor das Fleisch verkauft werden darf, wird es von einer kundigen Person untersucht. Auch strenge Hygiene- und Rechtsvorschriften sind einzuhalten. Am besten bezieht man frisches Wildbret ausgelöst und portioniert direkt bei Jägerinnen und Jägern aus der Region. Auch die örtliche Forstverwaltung oder regionale Jagdverbände vermitteln gern. Und natürlich haben auch gut sortierte Metzgereien ihre Bezugsquellen.

Thomas Weber, Herausgeber von BIORAMA,
Magazin für nachhaltigen Lebensstil

Herbst

Gebratene Selleriescheiben mit Rote-Rüben-Mousse

Nina Pauritsch, Glücksbissen-Blog

Zubereitung

Rote Rüben vorkochen und abkühlen lassen.

Für das Mousse die gekochten Roten Rüben fein häckseln bzw. pürieren. Den Ziegenfrischkäse untermischen und mit einer fein gehackten Frühlingszwiebel. Honig, Salz, Pfeffer sowie Olivenöl verrühren.

Für die Petersilien-Gremolata eine halbe Zitrone reiben, die Petersilie fein hacken, mit 2 EL Olivenöl, etwas Salz und der abgeriebenen Schale verrühren.

Die Sellerieknolle schälen und mit einem scharfen Messer in 2-3 mm dünne Scheiben schneiden. Die Scheiben in einer Pfanne mit etwas Olivenöl und grobem Meersalz auf beiden Seiten goldbraun anbraten. Die Scheiben auf kleinen Tellern anrichten und das Rote Rüben Mousse darauf drapieren. Darüber dann die Gremolata träufeln.

Zu guter Letzt kann man den Geschmack noch etwas abrunden, indem man etwas angebratenen Ennstaler Steirerkäse über dem Gericht verteilt.

Mein Geheimtipp

Ich verwende zum Anrichten des Mousses immer Speise-Portionsringe aus Edelstahl. Alternativ kann es auch mit einem Spritzsack aufgespritzt werden.

Ich bin eine leidenschaftliche Köchin und bei all meinen Rezepten lege ich großen Wert auf die Regionalität und Saisonalität meiner Produkte. Mittlerweile habe ich über 200 eigene Kreationen auf meinem Blog veröffentlicht. Und am schönsten ist es, wenn meine Ideen meinen FreundInnen und meiner Familie schmecken.

VORSPEISE ● VEGETARISCH ● ALLERGENE: G, L ● 4 PORTIONEN

Zutaten

Rote-Rüben-Mousse:
_ 500 g gegarte Rote Rüben
_ 150 g Ziegenfrischkäse
_ 1-2 Frühlingszwiebel
_ 1 EL Honig
_ Salz und Pfeffer
_ 1-2 EL Olivenöl

Petersilien-Gremolata:
_ 1 Zitrone
_ Petersilie
_ 2 EL Olivenöl
_ Salz

_ ½ Knolle Sellerie
_ 1-2 TL angebratener Ennstaler Steirerkäse zum Servieren

Grünkernlasagne

Eliah, HLW Haag

Auf der Suche nach einem Rezept für ein klimafreundliches Menü hat ein Schüler dieses Rezept mitgebracht.

Zubereitung

Grünkern wenn möglich über Nacht einweichen.

Béchamel:

Butter schmelzen und Mehl darin aufschäumen lassen, Milch mit der Schneerute einrühren und zu sämiger Béchamelsoße verkochen. Mit Salz, Muskat und Pfeffer würzen und zur Seite stellen.

Sugo:

Zwiebel schälen, klein und würfelig schneiden und Karotten reiben. Zwiebelwürfel im Öl ohne Farbe glasig werden lassen und danach die Karotten hinzufügen. Eingeweichten Grünkern abseihen und beigeben. Passierte Tomaten hinzufügen. Mit Salz, Pfeffer und Knoblauch würzen. Mit Wein und Wasser aufgießen und 15 Minuten leicht köcheln lassen.

Knoblauchöl:

Knoblauch schälen, pressen und mit Öl mischen. Bis zum Servieren ziehen lassen.

Rohr auf 180°C Ober-/Unterhitze vorheizen, wenn man die Lasagne nach dem Schichten nicht ruhen lassen kann oder will.

Eine Auflaufform mit etwas Béchamel bestreichen, mit Lasagneblättern abdecken, darauf ein Drittel der Grünkernsoße streichen und etwas Béchamel, wieder Lasagneblätter, Grünkernsoße und Béchamel. Nochmals wiederholen. Nach der dritten Schicht Béchamel mit geriebenem Käse abschließen.

Idealerweise sollte man die bereits fertig geschichtete Lasagne ca. 1 Stunde ziehen lassen, bevor man diese ins Rohr schiebt. Bei Zeitdruck kann dieser Schritt auch entfallen. Die Lasagne ca. 35 Minuten backen. Vor dem Servieren mit Knoblauchöl übergießen. Petersilie waschen, fein hacken und Lasagne damit garnieren.

Mein Geheimtipp

Pürierte Gemüsereste einarbeiten. Je nach Geschmack gerne mehr würzen!

Zutaten

Béchamelsoße:
- 100 g Butter
- 100 g Mehl glatt
- 1 l Milch
- Salz, Muskatnuss

Sugo:
- 120 g Zwiebeln
- 20 g Maiskeimöl (oder Raps-/Sonnenblumenöl)
- 240 g Grünkern, geschrotet
- ca. 300 g passierte Tomaten
- 2 Karotten
- 10 g Knoblauch
- Salz, Pfeffer
- 62 ml Rotwein
- 250 ml Wasser

Knoblauchöl:
- 40 g Maiskeimöl (oder Raps-/Sonnenblumenöl)
- 20 g Knoblauch

- 12 Stk. Lasagne-Blätter
- 150 g geriebener Emmentaler zum Bestreuen
- 1 Bund Petersilie zum Garnieren

Zusatztipp zum Rezept
Esther Rüf vom Schulzentrum Kleinwalsertal empfiehlt: Lasagne sollte nicht sofort nach dem Backen portioniert werden. Nach einer Ruhepause von 10 Minuten lässt sie sich besser schneiden und anrichten.

Haferflocken-Palatschinke mit Gemüsepfanne

Yasmin Stoderegger

𝒟ieses Rezept hat sich an einem regnerischen Tag geformt, an dem der Kühlschrank beinahe leer war. Der Vorrat an Haferflocken war allerdings enorm und so entstand diese fluffige Palatschinke. Auch die Zutaten für die Gemüsepfanne waren Reste, aber gerade die süßen Trauben geben diesem Gericht einen einzigartigen Geschmack.

Zubereitung

Für die Palatschinke ist eine gut beschichtete Pfanne am besten geeignet.

Dafür Haferflocken mit Mehl, Eiern und 3 TL Olivenöl verrühren. Dann die Milch dazugeben und mit Kräutern, Parmesan, Kurkuma sowie Salz und Pfeffer den Teig abschmecken.
Backrohr auf etwa 170°C Ober-/Unterhitze vorheizen.

In einer feuerfesten Pfanne den Rest des Olivenöls erhitzen und den gesamten Teig auf mittlerer Hitze für etwa 5 Minuten anbacken, ohne umzurühren oder zu wenden. Wenn das Backrohr vorgeheizt ist, die Pfanne in den Ofen schieben. Die Palatschinke weitere 10-15 Minuten fertig backen, bis die Oberfläche der Palatschinke goldbraun ist. Wenn eine doppelseitige Bräunung gewünscht ist, kann die Palatschinke gegen Ende auch einmal gewendet werden. Achtung, die Pfanne wird sehr heiß!

Gemüsepfanne:

Für die Gemüsepfanne Karotten in etwa 2-3 mm dünne Scheiben schneiden und in etwas Öl anbraten. Die Lorbeerblätter dazugeben. Zucchini ebenfalls in etwa 2-3 mm dünne längliche Stücke schneiden. Tomaten vierteln und die Trauben halbieren. Alles gemeinsam kurz in der Pfanne anschwitzen und mit Salz, Pfeffer und Kräutern abschmecken. Etwas Wasser beigeben, damit das Gemüse leicht bedeckt ist. Nun das Gemüse zugedeckt langsam garen lassen. Immer wieder umrühren, bei Bedarf noch mehr Wasser hinzufügen. Wenn die Karotten bissfest sind, einige Flocken Butter oder Margarine beimischen. Sofort gemeinsam mit der Palatschinke servieren.

Mein Geheimtipp

Couscous, Hirse oder Bulgur sind gute weitere Basiszutaten und eine wertvolle Quelle an Vitaminen und Spurenelementen. Für die Gemüsepfane eignen sich auch Melanzani oder Paprika wunderbar.

Zutaten

Haferflocken-Palatschinken:
- 100 g feine Haferflocken
- ca. 100 g Vollkornmehl (oder Dinkel- und Weizenmehl)
- 3 Eier
- 6 TL Olivenöl
- 300 ml Milch + 100 ml Wasser (od. 400 ml Hafermilch)
- etwas Parmesan
- ½ Bund Kräuter (frischer Petersilie oder Majoran eignen sich besonders gut)
- 2 Messerspitzen Kurkuma
- Salz und Pfeffer

Gemüsepfanne:
- 4 Karotten
- 3 TL Rapsöl zum Anbraten
- 2-3 Lorbeerblätter
- 1 mittelgroße Zucchini
- 6-7 Cocktailtomaten
- Handvoll Trauben
- Salz und Pfeffer
- ½ Bund Kräuter, z. B. Majoran
- Etwas Butter oder Margarine zum Verfeinern

Rein pflanzliche Alternative
Milch durch die gleiche Menge ungezuckerter Sojamilch ersetzen. Soja ist sehr eiweißhaltig, bindet ähnlich gut wie Eier und ersetzt so auch die Eier in der Angabe. Für eine goldgelbe Farbe eine Prise Kurkuma hinzufügen. Parmesan weglassen – alternativ passen in Hefeflocken geröstete Pinienkerne gut.

Gemüsewok für süße Feinspitze

Victoria Allmer, Klima- und Energiemodellregion Naturpark Pöllauer Tal

Zubereitung

Gemüse in Streifen schneiden und Zwiebel klein hacken. Öl in einer Pfanne oder im Wok erhitzen. Zwiebel und Gemüse nach und nach anrösten. Danach mit Gemüsesuppe aufgießen, sodass das Gemüse leicht bedeckt ist. Mit Salz und Pfeffer abschmecken und eventuell mit Maisstärke binden. Je nach gewünschter Konsistenz köcheln lassen. Sprossen erst kurz vor dem Servieren beimengen.

Für die Steirische Wok-Sauce Honig, Marillenmarmelade und Apfelessig in einem Topf miteinander vermengen, kurz aufkochen lassen und anschließend über das Wok-Gemüse gießen.

Mein Geheimtipp

Festes Gemüse zuerst in die Pfanne geben und nach und nach das weichere hinzugeben.
Die steirische Wok-Soße lässt sich abgefüllt in einem Glas und gekühlt gut aufbewahren.

Das zugrundeliegende Rezept habe ich bei einem Klima-Koch-Workshop in der Klima- und Energiemodellregion Naturpark Pöllauer Tal kennengelernt. Ich habe es dann, meinen Bedürfnissen entsprechend, adaptiert. Ein schmackhaftes und einfaches Rezept für alle, die die asiatische Küche lieben und auf konservierte (Fertig-)Produkte verzichten möchten!

Zutaten

Gemüsewok:
- 150 g Zwiebel
- 3 Karotten
- 200 g Sellerie
- 1 Stange Lauch
- ½ Kopf Weißkraut
- 2 Paprika
- 2 EL Öl
- etwas Gemüsesuppe
- Salz
- Pfeffer
- 30 g Maisstärke
- 100 g Sprossen
- Chili

Steirische Wok-Soße:
- 1 EL Honig
- 2 EL Marillenmarmelade
- 2 EL Apfelessig

Das Gemüse kann je nach Saison und Geschmack variiert werden.

Apfelrotkraut-Quiche mit Ziegenkäse

Rebecca Zeilinger

Ich kenne Quiches seit meiner Au-Pair-Zeit in Frankreich und finde sie genial. Während meiner Schwangerschaft hat mir eine Freundin nach einem TCM-Workshop eine Rotkraut-Quiche gemacht, die ich später adaptiert und mit Äpfeln und Walnüssen verfeinert habe. Bei Partys ist die Quiche immer der Renner und wenn es mal schnell gehen muss, kann man natürlich auch Tiefkühl-Rotkraut verwenden.

Zubereitung

Tarte- oder Springform einfetten.

Butter klein würfeln und mit dem Dinkelvollkornmehl und dem Topfen sowie einer Prise Muskatnuss und etwas Salz zu einem glatten Teig verkneten. Den Teig ausrollen und die gefettete Tarte- oder Springform damit auslegen. 30 Minuten kühlstellen.

In der Zwischenzeit das Rotkraut putzen, waschen und dann hobeln bzw. in Streifen schneiden. Zwiebel schälen und klein schneiden. Apfel schälen und klein reiben, dabei Saft auffangen. Thymianzweige waschen, trocken schütteln und die Blätter von den Stielen zupfen.
Die Butter schmelzen und Zwiebel darin anschwitzen. Rotkraut und Apfel samt Saft hinzufügen. Mit Gemüsesuppe und Essig ablöschen und mit etwa der Hälfte des Thymians sowie – nach Geschmack – mit Salz und einer Prise Muskatnuss würzen. Etwa 15 Minuten köcheln lassen, bis die Flüssigkeit verdampft ist. Von der Herdplatte nehmen und abkühlen lassen.

Schon jetzt den Backofen auf 160°C (Umluft) vorheizen.

Schlagobers, Milch und Eier glattrühren und mit Pfeffer, Salz, eventuell noch etwas Muskatnuss sowie dem restlichen frischen Thymian würzen. Abgekühltes Apfel-Rotkrautgemisch auf dem Teig verteilen. Schlagobersmischung gleichmäßig darauf verteilen, dann mit Ziegenkäse und Walnüssen bestreuen.

Im Ofen etwa 30 Minuten goldbraun backen.

Dazu passt grüner Salat oder ein Apfel-Fenchelsalat. Tipp: anstelle von Essig den Saft einer ausgepressten Zitrone nehmen.

Mein Geheimtipp

Quiches eignen sich hervorragend zur Resteverwertung: Egal ob Käse, Speck, Obst oder Gemüse, alles lässt sich hier – selbstverständlich in der passenden Kombination – verwerten.

Zutaten

Teig:
- 70 g Butter
- 100 g Dinkelvollkornmehl
- 100 g Topfen
- eine Prise Muskatnuss
- Salz

Belag:
- ca. 300 g Rotkraut
- 1 Zwiebel
- 1 großer (säuerlicher) Apfel
- 5-6 Thymianzweige
- 30 g Butter
- 200 ml Gemüsesuppe
- 2 EL Rotweinessig
- 100 ml Schlagobers
- 100 ml Milch
- 2 Eier
- Salz, Pfeffer
- eine Prise Muskatnuss
- ca. 100 -150 g österreichischer Ziegenkäse
- ca. 50 g Walnüsse

Zusatztipp zum Rezept
Auf fertige Suppenwürze verzichten und einfach selber machen: siehe Seite 111

Wärmendes Wurzelgemüse mit Kürbis aus dem Backofen

Niklas Hobacher

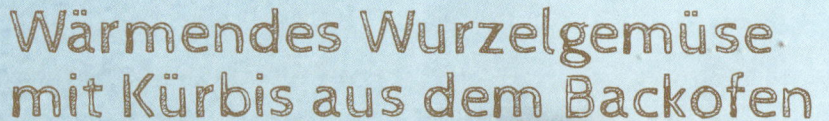

Zubereitung

Den Backofen auf 180°C Umluft vorheizen.

Das Wurzelgemüse schälen und in grobe, mundgerechte Stücke schneiden. Den Kürbis halbieren, entkernen und schälen. Ebenfalls in grobe Stücke schneiden.

Alles in eine große Auflaufform geben oder auf einem tiefen Backblech verteilen und mit Olivenöl, Salz und Rosmarinnadeln vermischen.

Bei 180°C ca. 40 Minuten im Backofen garen.

Mein Geheimtipp

Hokkaido-Kürbis muss nicht geschält werden.

Das Gericht kann – je nach Geschmack – noch verfeinert werden, indem man etwa 10 Minuten vor Ende der Garzeit zerkrümelten österreichischen Ziegenkäse über dem Gemüse verteilt.

> *W*urzelgemüse sind reich an gesunden Inhaltsstoffen, die sich in der Knollenwurzel – dem Speicherorgan der Pflanze – konzentrieren. Da sie im Vergleich zum Blattgemüse relativ wenig Wasser enthalten, sind sie ideal für die Zubereitung im Backrohr geeignet. Ein bunter, farbenfroher Mix, der im Winter wärmt und den auch viele Kinder lieben.

Zutaten

- 1 kg Wurzelgemüse (Pastinaken, Rote Rüben, Knollensellerie, Topinambur, Karotten, Erdäpfel, …)
- 1 Kürbis (Hokkaido oder Butternut)
- Rosmarinzweige
- 2 EL Olivenöl
- grobkörniges Meersalz
- Pfeffer, Salz
- 200 g Gouda

Zusatztipp zum Rezept
Mit etwas Honig beträufeln: Das nimmt dem Gemüse etwas von der Säure und schmeckt einfach toll.

Hirselaibchen mit Letscho und Erdäpfelpüree

Monika Domenig

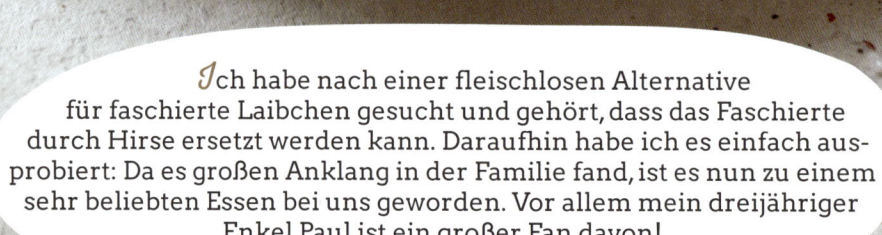

*I*ch habe nach einer fleischlosen Alternative
für faschierte Laibchen gesucht und gehört, dass das Faschierte
durch Hirse ersetzt werden kann. Daraufhin habe ich es einfach aus-
probiert: Da es großen Anklang in der Familie fand, ist es nun zu einem
sehr beliebten Essen bei uns geworden. Vor allem mein dreijähriger
Enkel Paul ist ein großer Fan davon!

Zubereitung

Hirse warm abwaschen, damit sich die Bitterstoffe lösen. Die doppelte Menge Wasser in einem Topf zum Kochen bringen und leicht salzen. Die Hirse zum Wasser hinzufügen und die Temperatur stark zurückdrehen. Die Hirse bei geschlossenem Deckel ca. 10 Minuten quellen und danach auskühlen lassen.

Nun die Erdäpfel schälen, in kleine Stücke schneiden und in heißem Wasser weich kochen.
Während die Hirse auskühlt und die Erdäpfel kochen, kann das Letscho zubereitet werden.
Dafür die Zwiebel schälen und in kleine Würfel schneiden. Paprika und Tomaten waschen und ebenfalls klein schneiden, ca. 1x1 cm groß.
Sobald die Erdäpfel weich gekocht sind, abseihen, salzen und mit dem Handmixer pürieren oder mit einem Kartoffelstampfer zerdrücken. Butter und warme Milch hinzufügen, verrühren und mit Salz abschmecken. Das Püree im Topf warm halten.
Für das Letscho das Olivenöl erhitzen und den Zwiebel darin anschwitzen. Die klein geschnittenen Paprika- und Tomatenstückchen sowie die passierten Tomaten hinzufügen und alles weich dünsten. Das Letscho mit Salz, Pfeffer und klein geschnittenem Basilikum würzen.

Für die Hirselaibchen nun eine Stange Jungzwiebel in feine Ringe schneiden.
Die lauwarme bzw. ausgekühlte Hirse mit dem Jungzwiebel, dem zerdrückten Knoblauch, den Eiern, Gewürzen und Kräutern zu einer Masse vermischen. Falls die Masse zu weich/flüssig ist, mit etwas Mehl binden.
Aus der Hirsemasse ca. 12 Laibchen formen und in Olivenöl beidseitig anbraten. Die gebratenen Hirselaibchen mit Erdäpfelpüree und Letscho anrichten.

Mein Geheimtipp

Die Hirselaibchen schmecken auch kalt und ohne Beilage sehr gut, z. B. für ein Picknick oder als Fingerfood für Kinder.

Zusatztipp zum Rezept
Selbst Suppe machen: siehe Seite 111

HAUPTSPEISE ● VEGETARISCH ● ALLERGENE: C, G ● 6 PORTIONEN

Zutaten

Hirselaibchen:
- 250 g Hirse roh
- 1 Stange Jungzwiebel
- 1 Knoblauchzehe zerdrückt
- 2 Eier
- 2 TL Majoran
- 1 EL frische Petersilie
- Suppenwürze
- Olivenöl zum Braten
- Mehl zum Binden
- Salz und Pfeffer

Letscho:
- 1 Zwiebel
- 2 bunte Paprika
- 4 große Tomaten
- 3 EL Olivenöl
- ca. 300 g passierte Tomaten
- frischer Basilikum
- Salz und Pfeffer

Erdäpfelpüree:
- 1,5 kg Erdäpfel (mehlig)
- 2 EL Butter
- 125 ml Milch
- Salz

Zusatztipp zum Rezept
Ein wenig „leichter" ist das Gericht, wenn man anstelle des Pürees Salat dazu serviert.

Rein pflanzliche Alternative
Anstelle der Eier zwei Esslöffel geschrotete Leinsamen ca. 10 Minuten quellen lassen und unter die Mischung heben.

Zartes Rehragout mit herbstlichem Gemüse, Einkorn-Knödeln & Preiselbeeren

Marlene Schüffl

*D*as Gericht repräsentiert Nachhaltigkeit und Regionalität. Es ist für besondere Anlässe geeignet und findet auch in der Haubenküche seinen Platz. Für mich als leidenschaftliche Jägerin ist die Jagd die ursprünglichste Form des Fleischkonsums.

! TIPP ▶ Mehr zum Thema Wild: siehe Seite 68

Zubereitung

Rehragout:

Wurzelwerk und Zwiebel klein schneiden und mit einer Prise Zucker im Fett anrösten.

Rehfleisch in 3-4 cm große Stücke schneiden, hinzufügen, salzen und mit wenig Wasser aufgießen. Die Gewürze unterrühren und das Gericht so lange weiterdünsten, bis das Fleisch gar ist.

Die Rehstücke wieder herausnehmen, Sauce mit Wasser verdünnen und passieren. Den mit Mehl versprudelten Sauerrahm samt Rotwein dazugeben. Dann die Sauce mit Zitronensaft, Salz und Pfeffer abschmecken und nochmals aufkochen. Die Fleischstücke wieder dazugeben, weitere 10 Minuten ziehen lassen.

Serviettenknödel:

Die Eier mit Milch, einer guten Prise Salz und etwas frisch geriebenem Muskat verquirlen.

Die Zwiebel sehr fein würfeln und in der heißen Butter glasig anschwitzen. Semmelwürfel, Eiergemisch, Zwiebeln und Petersilie gut miteinander vermengen und den Teig eine Stunde rasten lassen.

Danach Rollen von 5-6 cm Durchmesser formen und auf ein Geschirrtuch geben. Fest einrollen und an den Enden wie eine Wurst abbinden. In leicht siedendes Wasser legen und 30-40 Minuten ziehen lassen.

Rehragout mit Semmelknödeln und idealerweise selbstgemachter Preiselbeermarmelade anrichten.

Mein Geheimtipp

Übrig gebliebene Gebäckstücke müssen nicht entsorgt werden, sondern können z. B. zu hochwertigen Semmelwürfeln oder Bröseln weiterverarbeitet werden.

Das Gericht ist sehr gut vorzubereiten. Man kann auch die Knödel-Rollen ein paar Stunden ungekocht im Kühlschrank aufbewahren, bis man sie braucht oder die Knödel nach der Kochzeit in dem Tuch belassen und bei 60-80°C im Wasserbad warmhalten.

Zutaten

Rehragout:
- Wurzelwerk (Karotte, Gelbe Rübe, Sellerieknolle, Petersilienwurzel)
- 1 Zwiebel
- 1 Prise Zucker
- 4 EL Fett
- 250 g Rehfleisch (oder beliebiges Wildbret)
- Salz
- 125 ml Wasser
- 8 Pfefferkörner
- 5 Gewürzkörner (Piment)
- 3 Wacholderbeeren
- 1 Lorbeerblatt
- 1 Stämmchen Thymian
- Muskat
- 2 EL Mehl
- 250 ml Sauerrahm
- 250 ml Rotwein
- Zitronensaft
- Salz und Pfeffer

Serviettenknödel:
- 2 Eier
- 300 ml Milch
- Salz
- frisch geriebener Muskat
- 1 Zwiebel
- 70 g Butter
- 250 g altbackene, gewürfelte Einkorn-Semmeln (auch mit Weizen oder Dinkel möglich)
- fein gehackte Petersilie

- Preiselbeermarmelade

Veganer Apfel-Mohn-Kuchen

Petra Eberharter, Diaetologie Eberharter

Zubereitung

Es wird eine runde Kuchenform (Ø 24 cm) benötigt.

Den Backofen auf 180°C Ober-/Unterhitze vorheizen. Die Kuchenform mit Rapsöl einfetten.
Alle Zutaten der Reihe nach in eine Rührschüssel geben und mit dem Schneebesen gut vermengen. Die Äpfel waschen, vierteln, entkernen und fächerförmig schneiden. Den Teig in die Form füllen und mit den Apfelfächern belegen. Den Kuchen im vorgeheizten Backofen ca. 35 Minuten backen.
Zum Schluss den Kuchen mit Marmelade bestreichen und mit etwas Staubzucker bestäuben.
In Stücke schneiden und genießen.

Mein Geheimtipp

Der Kuchen kann auch glutenfrei zubereitet werden. Dafür Vollkornmehl durch glutenfreies Mehl ersetzen.

Zutaten

- 200 g Vollkornmehl
- 50 g Leinsamenmehl
- 50 g Mohn
- 150 g Zucker
- 1,5 Pkg Backpulver
- 1 EL Vanillezucker
- 1 Prise Salz
- 350 ml Sojadrink
- 100 ml Rapsöl
- 50 ml Wasser
- 2 Äpfel zum Belegen
- etwas Rapsöl zum Einfetten der Kuchenform
- etwas Staubzucker zum Bestäuben
- bei Bedarf Marmelade zum Bestreichen

*A*ls Diätologin arbeite ich u.a. mit PatientInnen, die unter Unverträglichkeiten leiden. Zusätzlich interessieren sich viele für eine ausgewogene vegane Ernährung. Da keine Verbote gesetzt werden, darf „ein Gutzi für die Seele" nicht fehlen. Ein passendes Rezept fand ich nicht und so entschloss ich mich, selbst eines zu kreieren. Gesagt, getan – und das Ergebnis schmeckt nicht nur VeganerInnen!

NACHSPEISE ● VEGAN ● ALLERGENE: F, A, H ● 16 PORTIONEN

WUSSTEN SIE, DASS ...

Hülsenfrüchte sind Win-Win-Lebensmittel. Nicht nur, weil sie wunderbare alternative Eiweißquellen für Menschen sind und darüber hinaus äußerst mineral- und ballaststoffreich. Sie sind auch wichtige Helferleins in der Landwirtschaft, vor allem in der biologischen: Bohnen, Linsen, Erbsen oder Sojabohnen gehen eine Symbiose mit so genannten Knöllchenbakterien ein. Und diese Mikroorganismen vollbringen ein kleines Wunder: Sie machen Dünger aus Luft! Sie binden den Stickstoff, aus dem ja unsere Umgebungsluft zu gut 70 Prozent besteht, und machen ihn so für den Boden und die Pflanzen nutzbar.

Theres Rathmanner, Forschungsinstitut für biologischen Landbau

Winter

Rohnenallerlei

Lechleitner Katja, VS Zams, „Gesund durch das Schuljahr"-Ernährungsexpertin

Zubereitung

Frische Rohnen ca. 45 Minuten kochen und schälen.

Rohnenaufstrich:
Die Rohnen klein schneiden oder raspeln. Topfen, Kren, Salz und Pfeffer verrühren und die Rohnen untermischen.

Rohnentatar:
Für das Tatar Rohnen, den Apfel und die Schalotte klein hacken. Essig, Honig, Salz und Pfeffer verquirlen und mit dem Gemüse verrühren.

Rohnencarpaccio:
Rohnen in dünne Scheiben schneiden oder hobeln und dann in eine Schüssel geben. Mit Essig und Olivenöl beträufeln und mit Salz, Pfeffer und Kren würzen. Mit den Kräutern abschmecken

Mein Geheimtipp

Das Rezept eignet sich gut zum Verwerten von älteren Äpfeln. Rohnen sind im Kühlschrank auch gekocht lange haltbar.

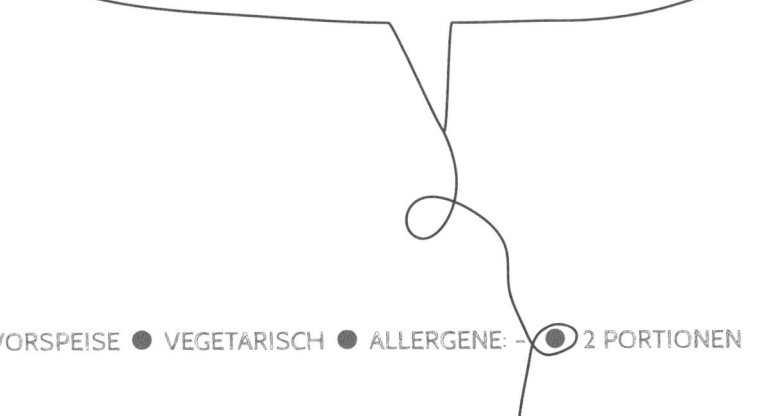

Ich musste als Kind immer Rohnensaft trinken und verabscheute dieses Gemüse. Trotzdem startete ich den Versuch, in meinem Gemüsegarten Rohnen zu pflanzen. Als dann die Zeit der Ernte kam und mehrere Knollen gut reif waren, wollte ich sie möglichst vielseitig verwenden. Meine Kreationen erfreuten nicht nur mich, sondern auch meine Familie und FreundInnen. Die Rezepte sind einfach und schnell zubereitet.

VORSPEISE ● VEGETARISCH ● ALLERGENE: – ● 2 PORTIONEN

Zutaten

Rohnenaufstrich:
2 kleine Rohnen
(Rote Rüben)
2 EL Magertopfen
1 TL frisch geriebener Kren
Salz und Pfeffer

Rohnentatar:
2 kleine Rohnen
1 kleiner Apfel
1 Schalotte
1 EL Apfelessig
1 TL Honig
Salz und Pfeffer

Rohnencarpaccio:
2 kleine Rohnen
1 TL frisch geriebener Kren
1 TL Essig
Olivenöl
Salz und Pfeffer
frische Gartenkräuter
(Sauerampfer, Thymian,
Kerbel,...)

Brotsuppe

Karin Koller, Agrarbildungszentrum (abz) Hagenberg

Zubereitung

Die Brotreste in kaltem Wasser einweichen, ausdrücken und zerbröseln. Zwiebeln und Speck fein würfeln und in einer Pfanne in heißem Öl anrösten. Nun das Brot dazugeben, alles kurz durchrösten und mit Wasser aufgießen. Die Suppe mit gepresstem Knoblauch, Salz, Kümmel und Lorbeerblatt würzen und kochen lassen.

Ein Ei verquirlen, in die Suppe einrühren und noch einmal aufkochen lassen.

Frischen Schnittlauch fein hacken und die Suppe damit garnieren.

Mein Geheimtipp

Übrig gebliebene Gebäckstücke müssen nicht entsorgt werden, sondern können z. B. zu hochwertigen Semmelwürfeln oder Semmelbröseln weiterverarbeitet werden.

Das Gericht ist sehr gut vorzubereiten. Man kann auch die Knödel-Rollen ein paar Stunden ungekocht im Kühlschrank aufbewahren, bis man sie braucht, oder die Knödel nach der Kochzeit in dem Tuch belassen und bei 60 – 80°C im Wasserbad warmhalten.

Während eines Praktikums auf einem Kärntner Bio-Bauernhof lernte ich die Brotsuppe kennen und schätzen.

Zutaten

- 150 g altbackenes Brot (Schwarzbrot oder Hausbrot)
- kaltes Wasser zum Einweichen des Brotes
- 50 g Speck
- 1 kleine Zwiebel
- 3 EL ÖL zum Anrösten
- 750 ml Wasser
- 1 Knoblauchzehe
- 1 TL Salz
- 1 TL Kümmel
- 1 Lorbeerblatt
- 1 Ei
- 2 EL fein gehackter Schnittlauch

Zusatztipp zum Rezept

Brotreste müssen nicht weggeworfen werden, sondern können einfach in einem Papiersackerl trocken aufbewahrt werden.

Die Suppe kann auch vegetarisch zubereitet werden, dazu einfach den Speck weglassen!

Sauerkrautsuppe

Mirjam Lichtenberger

Zubereitung

Das Sauerkraut aus der Packung nehmen und in einem Sieb waschen. 2 EL Sauerkraut im Öl anbraten und beiseitestellen.

Die Erdäpfel schälen, grob raspeln und in einen Topf geben. Gemüsesuppe, restliches Sauerkraut, Schlagobers und Gewürze hinzugeben und 20-30 Minuten köcheln lassen.

Die Suppe in den Tellern anrichten und mit dem gebratenen Sauerkraut dekorieren.

Mein Geheimtipp

Es können auch gerne Sauerkraut oder gekochte Erdäpfel vom Vortag verwendet werden.

„Sauerkraut mal anders" – anstatt immer nur als Beilage zu z. B. Bratwürsten.

Zutaten

- 500 g Sauerkraut
- 1 EL Öl
- 3 kleine Erdäpfel
- 250 ml Schlagobers
- 1 l Gemüsesuppe
- 2 Lorbeerblätter
- 1 TL Kümmel
- Muskatnuss
- Salz
- Pfeffer

Rein pflanzliche Alternative: Statt dem Obers entweder ein veganes Obers kaufen oder alternativ ein eigenes ganz leicht herstellen. Man benötigt dafür jedoch einen leistungsstarken Mixer: 1 Espressoglas Cashewnüsse mit 300 ml Wasser mixen, danach die Flüssigkeit wie Obers einsetzen.

Zusatztipp zum Rezept Auf fertige Suppenwürze verzichten und einfach selber machen: siehe Seite 111

Einkornsuppe mit Gemüse

Heide Anschuber, BORG Linz Honauerstraße

Zubereitung

Die Zwiebel und die Knoblauchzehe schälen und fein hacken. In einem Suppentopf die Butter zerlassen und das Einkorn mit den Zwiebeln und dem Knoblauch andünsten. Etwas salzen und pfeffern sowie das Lorbeerblatt dazugeben. Mit der Gemüsesuppe aufgießen und Einkorn 30 Minuten auf kleiner Flamme köcheln lassen.

Karotten, Petersilienwurzel, Sellerie und Erdäpfel waschen, schälen und in kleine Stücke schneiden. Anschließend das Gemüse zur Suppe geben und alles zusammen ca. 15 Minuten fertig dünsten.

Zuletzt mit Salz, Pfeffer und Muskat abschmecken und mit frisch gehackter Petersilie servieren.

WUSSTEN SIE, DASS …

… Einkorn eine uralte Getreidesorte ist?

„Einkorn gehört zur Familie der Süßgräser, Poaceae und zur Gattung Weizen, Triticum. Die Kultivierung geht auf 8000 bis 6000 v. Chr. vor allem im arabischen Raum zurück. Heutzutage wird Einkorn in kleinen Mengen auch in Österreich vor allem in Bioqualität angebaut. Es weist einen hohen Anteil an Zinn und Magnesium auf. Das sehr kleine Korn schmeckt leicht süß und nussig. Einkorn wird heute hauptsächlich zu Mehl, Gebäck oder Teigwaren verarbeitet."

Lebensmittellexikon, DIE UMWELTBERATUNG[19]

Zutaten

- 1 Zwiebel
- 1 Knoblauchzehe
- 130 g Einkornreis
- 20 g Butter
- Salz
- Pfeffer
- 1 Lorbeerblatt
- 800 ml klare Gemüsesuppe
- 3 Karotten
- 1 Petersilwurzel
- ¼ Sellerie
- 2 Erdäpfel
- Muskat
- ½ Bund Petersilie

Knusprige Erdäpfel-Buchweizen-Laibchen

SchülerInnen der Praxisschule Verbundmodell NMS/BRG der PH Kärnten

Zubereitung

Der Buchweizen kann schon am Vortag gedünstet werden.

Buchweizen mit der doppelten Menge Wasser zustellen. Suppenwürze hinzufügen, aufkochen lassen und auf kleiner Stufe mit Deckel ca. 25 Minuten dünsten. Buchweizen abkühlen lassen.

Erdäpfel waschen und im Siebeinsatz ca. 30 Minuten dämpfen. Erdäpfel schälen, pressen und etwas abkühlen lassen. Buchweizen zu den gepressten Erdäpfeln geben und mit Salz, Pfeffer und Muskatnuss würzen. Dotter und Frischkäse untermengen. Kräuter gründlich waschen und hacken bzw. fein schneiden und hinzufügen. Masse mit einem Kochlöffel gut vermengen und ca. 10 Minuten rasten lassen.

Brösel und Sesamkörner vermengen. Aus der Erdäpfel-Buchweizen-Masse ca. 12 nicht zu flache Laibchen formen und im Brösel-Sesamgemisch wälzen. Öl in einer großen Bratpfanne erhitzen und die Laibchen darin beidseitig knusprig braten.

Mein Geheimtipp

Dazu schmecken: eine Kräutersauce sowie Blattsalate der Saison.

Im Unterrichtsfach Ernährung und Haushalt bereite ich dieses Rezept schon seit mehreren Jahren mit meinen SchülerInnen zu. Die Beilagen werden je nach Jahreszeit gewählt. Die Anleitung kommt aus meinem großen Rezepte-Fundus, der sich im Laufe meiner Tätigkeit als Lehrerin angesammelt hat.

Zutaten

- 150 g Buchweizen
- 300 ml kochendes Wasser

- ½ TL pflanzliche Suppenwürze
- 500 g mehlige Erdäpfel
- Muskatnuss
- Salz
- Pfeffer
- 2 Eidotter
- 100 g Frischkäse
- etwas Petersilie
- etwas Schnittlauch
- 6 EL Brösel
- 2 EL Sesamkörner
- Raps- oder Sonnenblumenöl zum Braten

Zusatztipp zum Rezept
Auf fertige Suppenwürze verzichten und einfach selber machen: siehe Seite 111

Tortilla de patata

Marta Montes Saralegui

*T*ortilla de patata ist ein typisches Gericht aus Spanien, meiner Heimat. Mit einem Kaffee ist sie das Arbeiterfrühstück Nr. 1. Sie hat viele Variationen: dick oder dünn, mit oder ohne Zwiebel, sehr durch oder eher flüssig, mehr Erdäpfel oder mehr Eier... es gibt keine richtige Variante. Am besten selbst experimentieren, man kann nichts falsch machen! Tortilla de patata schmeckt immer.

Zubereitung

Die Menge an Eiern und Erdäpfeln wird von der Größe der Pfanne bestimmt – je nachdem wie dick man die Tortilla haben will. Wichtig dabei ist nur das Verhältnis. Faustregel: 1 Ei pro 100 g Erdäpfel + 1 zusätzliches Ei.

Die Erdäpfel schälen und in ca. 3 mm dünne Scheiben schneiden. In eine Schüssel geben, salzen und gut mischen. Dann Erdäpfel im Olivenöl braten. Um dabei weniger Öl zu verbrauchen, empfehle ich, eine kleine Pfanne zu verwenden und die Erdäpfel in mehreren Durchgängen zu braten. Die Erdäpfel sollten mit Öl bedeckt sein, damit sie gut gebraten werden. Nach dem Abkühlen kann man das Öl sieben und mehrmals wiederverwenden. Die gebratenen Erdäpfel gut abtropfen lassen.
Die Eier in einer Schüssel schlagen, salzen und die gebratenen Erdäpfel hinzufügen. Etwa 10 Minuten rasten lassen, damit die Erdäpfel die Flüssigkeit aufsaugen.
Die Zwiebel schälen, klein schneiden und mit ein bisschen Öl anbraten. Zwiebel gut abtropfen lassen und zu den Eiern und Erdäpfeln geben.

Eine große, beschichtete Pfanne auf mittlere Temperatur erhitzen. Die Mischung aus Eiern, Erdäpfeln und Zwiebeln hineingeben und ca. 3 Minuten braten, bis man sieht, dass sie unten gut durch ist.

Nun die Tortilla drehen. Ich empfehle, dafür einen großen Teller zu verwenden: Die Pfanne mit dem Teller abdecken, festhalten und schnell und entschlossen drehen. Die leere Pfanne zurückdrehen und die gedrehte Tortilla vom Teller wieder in die Pfanne gleiten lassen. Man muss aufpassen, dass sie nicht zu schwer wird und der Teller größer ist als die Pfanne. Am sichersten ist es, wenn man die Drehaktion über dem Waschbecken macht.
Die Tortilla nun auf der anderen Seite ebenfalls 2 Minuten braten.

Die Tortilla warm oder kalt essen. Dazu schmeckt: ein grüner Salat.

Mein Geheimtipp

Tortilla de patata eignet sich perfekt zum Resteverwerten. Man kann eine kreative Variation daraus machen, indem man vom Vortag Gemüse wie z. B. Zucchini oder Wurst dazu gibt. Chorizo eignet sich super!

Zutaten

800 g Erdäpfel
mind. 250 ml Olivenöl
Salz
9 Eier
1 Zwiebel

Zusatztipp zum Rezept
Gerne auch Petersilie und Paprika dazugeben. Oder auch eingelegten Paprika.
Siehe Seite 113

Sonntagsbraten in Krautgesellschaft auf Erdäpfelpüree

Agrarbildungszentrum (abz) Hagenberg

Dieses Rezept gehört zu meinen Lieblingsrezepten, weil es den Fleischkonsum um 50 Prozent reduziert und das Kraut sehr gut verpackt, sodass es auch Gemüseverweigerer nicht merken. Das Gericht ist regional, saftig und geschmackvoll. Das Erdäpfelpüree als Beilage ist regional, kalorienarm und reich an Vitamin C. Das Rezept spricht auch Kinder sehr an.

Zubereitung

Weißkraut waschen und fein schneiden oder hobeln. Die Zwiebel ebenfalls klein und würfelig schneiden. Eine Handvoll Petersiliengrün fein hacken. Die Semmel in kleine Würfel schneiden, in eine Schüssel geben, mit der Milch übergießen und ziehen lassen

Inzwischen die Zwiebel in einer Bratpfanne in etwas Rapsöl anbraten. Petersilie und Kraut dazugeben und alles mit Salz und Kümmel würzen. Ca. 125 ml Wasser hinzufügen und alles 15 Minuten zugedeckt dünsten lassen.

Das Backrohr auf 200°C Ober-/Unterhitze vorheizen. Eine Auflaufform mit Butter ausstreichen.

Knoblauch schälen und durch eine Presse drücken oder fein hacken. Faschiertes in eine Schüssel geben, mit Ei, Knoblauch und Gewürzen vermischen. Krautgemisch aus der Pfanne geben und auskühlen lassen. Das Wasser sollte verdunstet sein.

Faschiertes mit Semmelwürfeln und Kraut vermischen. Auf ein mit Semmelbröseln bestreutes Brett geben, zu einem Wecken formen und in die Auflaufform geben. Ca. 1 Stunde backen und immer wieder mit etwas Suppe übergießen.

In der Zwischenzeit Erdäpfel waschen, schälen, vierteln und in wenig Salzwasser ca. 15 Minuten weichdünsten. Erdäpfel stampfen oder durch die Kartoffelpresse drücken. Milch erhitzen und würzen. Abwechselnd Butter und Milch den Erdäpfeln unterrühren, bis eine sämige Masse entsteht.

Zwiebel in Ringe schneiden, in Mehl wenden und schwimmend im Öl knusprig backen. Auf etwas Küchenrolle überschüssiges Fett abtropfen lassen.

Unser Geheimtipp

Statt der Semmel kann jede Brotart genommen, auf Brot vom Vortag zurückgegriffen bzw. Knödelbrot verwendet werden.

Zutaten

Braten:
- 250 g Weißkraut
- 70 g Zwiebel
- eine Handvoll grüne Petersilie
- Salz
- Kümmel, gemahlen
- ½ altbackene Semmel
- 125 ml Milch zum Einweichen
- 250 g Faschiertes
- 1 Ei
- 1 Knoblauchzehe
- Salz und Pfeffer
- Muskat
- Majoran
- Paprika
- Butter für die Form
- 250 ml Suppe zum Aufgießen

Erdäpfelpüree:
- 600 g mehlige Erdäpfel
- 200 ml Milch
- 50 g Butter
- Salz
- weißer Pfeffer
- Muskat
- 2 Zwiebeln
- 3 EL Mehl
- Öl zum Anbraten

Zusatztipp zum Rezept
Beim Anrichten mit Oregano dekorieren.

Zwiebelkuchen

Salzburger Seminarbäuerinnen, LFI Salzburg

Zubereitung

Germ mit Zucker und Wasser verrühren und auflösen. Das Mehl in eine Schüssel geben, in die Mitte das Germ-Gemisch hineingießen. Butter und Salz dazugeben. Alle Zutaten gut miteinander verkneten und an einem warmen Ort etwa eine Stunde gehen lassen.

Das Backrohr ca. 10 Minuten auf 180°C Ober-/Unterhitze vorheizen. Währenddessen die Zwiebeln schälen, in Ringe schneiden und in etwas Butter glasig dünsten.
Eier verquirlen und den Sauerrahm unterrühren. Mit Salz und Pfeffer abschmecken und die gedünsteten Zwiebeln unter die Masse rühren. Den Teig auf Blechgröße ausrollen, die Eier-Sauerrahm-Mischung gleichmäßig darauf verteilen und mit geriebenem Käse bestreuen.
Das Ganze im vorgeheizten Rohr rund 30-35 Minuten backen. Wie immer sind die genaue Temperatur und Backzeit vom jeweiligen Ofen abhängig.

Dieses Gericht eignet sich perfekt als Snack für Zwischendurch, als Hauptspeise und als Beilage. Das Rezept stammt aus dem Rezeptheft „Party- und Grillgebäck" der Salzburger Seminarbäuerinnen.

Zutaten

Germteig:
- ½ Würfel Germ
- 1 TL Zucker
- 200 ml Wasser
- 400 g Mehl
- 40 g Butter (Zimmertemperatur)
- 1 TL Salz

Belag:
- 700 g Zwiebeln
- Butter zum Dünsten
- 3 Eier
- 250 g Sauerrahm
- 100 g geriebener Käse
- Salz
- Pfeffer
- Muskat
- ½ Bund Petersilie

Zusatztipp zum Rezept
Prinzipiell ist jeder Käse möglich. Das Rezept eignet sich also auch zur Käseverwertung.

SNACK/JAUSE ● VEGETARISCH ● ALLERGENE A, C, G ● 6 PORTIONEN

Rote-Rüben-Kuchen

Lena Heibl und Christina Bichler, HBLA Elmberg

Zubereitung

Backrohr auf 180°C Ober-/Unterhitze vorheizen. Guglhupfform einfetten und mit Bröseln bestreuen.

Eier trennen. Eidotter und Honig sehr schaumig schlagen. Vollkornmehl mit Backpulver vermischen und unter die Dotter-Honig-Masse mischen. Eiklar zu Schnee schlagen. Walnüsse, Rote Rübe und Schnee unter die Masse ziehen. In die Form füllen und ca. 1 Stunde im Backrohr backen

Den fertigen Kuchen mit Orangensaft beträufeln und genießen.

Der Trend, Gemüse zu süßen Speisen zu verarbeiten, ist im Kommen. Im Kochunterricht haben wir dieses Rezept nachgekocht und der Kuchen hat allen gut geschmeckt.

Zutaten

- 5 Eier
- 200 g Honig
- 150 g Vollkornmehl
- ½ TL Backpulver
- 250 g geriebene Walnüsse
- 250 g fein geriebene, rohe Rote Rüben
- 10 EL Orangensaft

Wer wirklich wissen will, welche Zutaten in den Lebensmitteln stecken, kocht am besten selbst – auch die Grundzutaten, die häufig gebraucht werden. Am besten verwenden wir Lebensmittel aus dem eigenen Garten oder solche, die am Balkon angepflanzt werden können. Entsprechend beginnt das Kapitel mit wertvollen Hintergrundinformationen und Hinweisen rund um das Pflanzen und Sammeln von Wildkräutern. Außerdem finden Sie in diesem Kapitel drei einfache Rezepte zum Nachkochen. Darüber hinaus gibt es eine Anleitung für ein eigenes Plant-Regrowing-Projekt und – nicht zuletzt – für ein Bienenwachstuch als umweltfreundliche Alternative zur Alufolie.

Wildkräuter

NACHHALTIGE UND REGIONALE KRAFTPAKETE

Franziska Polsterer, Engelsgarten

Wildpflanzen sind kostbare Schätze der Natur, die uns mit der geballten Fülle an gesunden Pflanzeninhaltsstoffen versorgen. Sie schmecken köstlich, sind regional und saisonal. Wir können sie vor unserer Haustüre ernten und verpackungsfrei nach Hause holen, auch in der Stadt. Damit unser Wildkräuterkonsum wirklich nachhaltig ist sollten, wir jedoch ein paar Grundregeln beachten.

TIPPS ZUM SAMMELN VON WILDKRÄUTERN

Idealerweise nutzt man Wildkräuter aus dem eigenen Garten oder vom Balkon. Erstens trägt man so zur Erhaltung der natürlichen Artenvielfalt bei und zweitens kann man dadurch eine mögliche Schadstoffbelastung der Kräuter durch Straßenverkehr oder Spritzmittel ausschließen. Manche GartenbesitzerInnen freuen sich sogar, wenn man ihren Rasen von „Unkraut" wie Löwenzahn, Giersch und Co befreit.

Wenn Sie im Wald oder auf Wiesen sammeln, sollten Sie Ihrer Gesundheit zuliebe darauf achten, dass diese möglichst unbelastet sind. Pflücken Sie nur jene Kräuter, die mindestens 20 Meter von stark befahrenen Straßen entfernt sind und nicht in unmittelbarer Nähe zu Feldern, die gespritzt werden. Außerdem sollten Sie nie direkt am Wegesrand sammeln, da dort die Verschmutzung durch Hund und Mensch am größten ist. Sammeln Sie im Sinne der Umwelt stets so, dass die Pflanzen wieder gut nachwachsen können. Kräuter, die selten vorkommen oder unter Naturschutz stehen, sollten Sie unberührt stehen lassen. Nehmen Sie immer nur die benötigten Teile einer Pflanze und lassen Sie ausreichend stehen, damit die Pflanze wieder nachwachsen kann. Als Grundregel für das Sammeln von Wildkräutern in der Natur gilt: „Sammle stets so, dass man nicht merkt, dass du gesammelt hast!"

GIFTIGE DOPPELGÄNGER VERMEIDEN

Sammeln Sie nur Pflanzen, die Sie eindeutig kennen oder sicher bestimmen können. Selbst wenn Sie bereits erste Erfahrungen mit Wildkräutern haben, sollten Sie auf die genauen Erkennungsmerkmale der Kräuter achten. Manche Wildkräuter sehen giftigen Pflanzen zum Verwechseln ähnlich, so z. B. der Bärlauch und das Maiglöckchen oder Wiesenkerbel und Gefleckter Schierling. Im Zweifelsfall lassen Sie sie lieber stehen! Verwenden Sie ein Bestimmungsbuch, eine Wildpflanzen-App oder fragen Sie eine fachkundige Person. Bei den Kräuterwanderungen, die vielerorts angeboten werden, lernen Sie, wie man die essbaren Kräuter sicher erkennt.

WILDKRÄUTER NACH SAISON

Mögliche Wildkräuter im Frühling: Giersch, Brennnessel, Vogelmiere, Bärlauch, Taubnessel, Schafgarbe, Lindenblätter, Ahornblätter, Gänseblümchen, Vogelmiere, Löwenzahn, Gundelrebe, Wiesensalbei, Hirtentäschel, Sauerampfer.

Mögliche Wildkräuter im Sommer: Wiesenlabkraut, Klettenlabkraut, Giersch, Vogelmiere, Spitzwegerich, Taubnessel, kleiner Wiesenknopf, Wisenbärenklau, junge Blätter vom Löwenzahn, Gänseblümchen, Beifuß, Fingerkraut, Gänsefuß, Malve, Quendel, Dost.

Mögliche Wildkräuter im Herbst: Vogelmiere, Giersch, Spitzwegerich, Taubnessel, Gänseblümchen, Malve, Wiesenlabkraut, Gundelrebe, Löwenzahn.

WILDKRÄUTER SELBER ANBAUEN

Viele Wildkräuter lassen sich gut in Töpfen, Balkonkästen oder im Garten anbauen. Dazu zieht man die Wildkräuter entweder direkt aus Samen, wie man das vom Gemüse kennt, oder man holt sich die Pflanze samt der Wurzel aus der Natur und vermehrt sie dann selber. Für einen sehr sonnigen Standort eignen sich zum Beispiel Gänseblümchen, Quendel, Spitzwegerich und Schafgarbe. Im Halbschatten gedeihen auch Giersch, Bärlauch, Sauerampfer und Gundelrebe gut. Relativ anspruchslos, was den Standort betrifft, sind Löwenzahn, Knoblauchsrauke, Brennnessel und Vogelmiere. Die meisten Kräuter wachsen immer wieder nach und lassen sich das ganze Jahr über ernten. Achten Sie darauf, dass manche Pflanzen recht groß werden und daher eine entsprechende Topfgröße benötigen.

ÜBER DIE AUTORIN

Franziska Polsterer gibt ihr fundiertes Kräuterwissen in Seminaren und Kräuterwanderungen weiter. Die zertifizierte Kräuterpädagogin vermittelt praktische Tipps und Rezepte rund um die Themen natürliche Hausapotheke, Naturkosmetik, Kräuteranbau und Kochen mit Kräutern. Aktuelle Termine ihrer Workshops finden Sie auf ihrer Website.

Foto: Franziska Polsterer

Vegane Suppenwürze

Anna Weiss

Zubereitung

Gemüse und Kräuter waschen, putzen und in grobe Stücke schneiden. Alles vermengen und anschließend sehr fein faschieren. Beim Fleischwolf mit der feinlöchrigen Scheibe. Mit dem Meersalz sehr gut vermischen, sprich „abbröseln" und anschließend in kleine Gläser füllen. Kühl und dunkel gelagert ist die Suppenwürze ca. 6 Monate haltbar. Nach dem Öffnen rasch verbrauchen.

Mein Geheimtipp

Die Suppenwürze eignet sich ideal zur geschmacklichen Verbesserung von Suppen und Saucen.
Vorsicht: Metalldeckel beginnen zu rosten.

> *I*n meinem Bio-Garten gibt es im Sommer immer eine Fülle an frischen Kräutern und Gemüse. Damit wir auch in der kälteren Jahreszeit den Geschmack des Gartens genießen können, habe ich ein Rezept für eine haltbare Gemüsewürze entwickelt. Je nach Geschmacksvorliebe können verschiedene Kräuter ergänzt oder weggelassen werden.

Zutaten

- 500 g Karotten
- 250 g Petersilien-Wurzeln
- 250 g Sellerieknolle
- 200 g Zwiebeln oder Jungzwiebeln, inkl. grüne Röhren
- 2 Stangen Lauch
- 1 Bund Petersilie
- 1 Bund Schnittlauch
- 3 Zweige Liebstöckl
- Majoran, Dille, Bohnenkraut (je nach Verfügbarkeit und Geschmacksvorlieben)
- 300 g grobes Meersalz

VEGAN ● ALLERGENE: L ● 8 PORTIONEN

Wildes Pesto mit Frühlingsfrische oder sommerlichem Schwung

Irene Katzensteiner

Zubereitung

Wildkräuter in einen Zerkleinerer geben, die Brennnesseln am besten mit Handschuhen. Ein Drittel vom Öl hinzufügen. Alle Zutaten häckseln.

Ein weiteres Drittel vom Öl sowie Salz und Knoblauch hinzufügen. Weiterhäckseln.

Den Rest vom Öl bzw. Wasser und eventuell Kerne hinzufügen.

Fertighäckseln – das Pesto kann je nach Geschmack sämig bis grob sein. Die Brennnessel verliert während des Zerkleinerns die Brennkraft.

Passt zu Erdäpfeln, Nudeln, Eiern oder auch nur zu Salat.

Mein Geheimtipp

Nimm von einem Streifzug durch Wald und Wiese ein Sammelsurium an Wildkräutern mit: z. B. Brennnesseln, Bärlauch, Vogelmiere, Löwenzahn, Sauerampfer. Gut schmeckt's, wenn ein überwiegender Anteil an Brennnesseln und Bärlauch vorhanden ist.

Das Pesto hält sich mehrere Tage in einem verschlossenen Gefäß im Kühlschrank, besonders wenn die Flüssigkeit 100 % Öl ist. Es kann auch als Salatdressing verwendet werden.

Zutaten

- 100 g Brennnesseln oder gemischte Wildkräuter, z. B. 50 g Brennnesseln, 40 g Bärlauch und 10 g sonstige
- 200 ml Olivenöl oder Kernöl (oder 150 ml Öl und 50 ml Wasser)
- 1 TL Salz gestrichen
- 1-2 Knoblauchzehen
- 1-2 Handvoll Sonnenblumenkerne

Das Rezept ist in Anlehnung ans klassische Pesto kreiert. Die Grundsubstanz hole ich aus Pflanzen, die rund ums Haus, im Wald und auf der Wiese wachsen. Den Varianten sind keine Grenzen gesetzt – wiegen ist überflüssig. Je nach Zusammensetzung und Wachstumsstadium ist das Pesto frühlingshaft frisch oder sonnengeladen. Schön, wenn die Brennnesseln blühen oder im Spätsommer schon Samen tragen – rein damit!

Eingelegter Paprika

Rosemarie Zehetgruber, gutessen consulting
Autorin des Praxishandbuches
„Natürlich konservieren"

Zubereitung

Paprika auf den Rost legen und bei 220°C Ober-/Unterhitze ca. 20 Minuten backen, bis die Haut runzelig wird und die Schoten weich sind.

Paprika kurz in ein feuchtes Tuch einschlagen. Dann die Haut abziehen. Strunk und Kerne entfernen. Paprika in breite Streifen schneiden, salzen und möglichst dicht in Gläser schichten.
Knoblauch schälen und in Scheiben schneiden. Essig, Balsamicoessig, Wasser, Knoblauchscheiben, Honig und die Kräuter aufkochen und heiß über die Paprikastreifen gießen. Mit Öl bedecken. Die Gläser sofort verschließen.

Am nächsten Tag den Sud nochmals abgießen, aufkochen und wieder kochend heiß über das Gemüse gießen. Die Gläser wieder fest verschließen. Kühl und dunkel gelagert ist der eingelegte Paprika 1-2 Monate haltbar.

Zutaten

_ 1 kg rote und gelbe Paprika
_ ca. 250 ml Olivenöl
_ 1 EL Salz
_ 3-4 Knoblauchzehen
_ 200 ml Weißweinessig
_ 50 ml Balsamicoessig
_ 50 ml Wasser
_ 1 TL Honig
_ 1 Zweig Thymian
_ 1 Zweig Rosmarin
_ 4 kleine Gläser à 200 ml

Mein Re-Growing-Lauch-Projekt

Sandra Fuchs, Meditations- und Achtsamkeitstrainerin

Gemüse bringt mich durch seine unglaubliche Vielfalt und all seine Farben immer wieder zum Staunen. Aus einem kleinen Samen wächst innerhalb kurzer Zeit eine absolut vollkommene Gemüsepflanze heran und diese Geschenke der Natur dürfen wir in unseren Küchen genießen und einsetzen!

Allerdings sind wir es gewohnt, dass viele Gemüsesorten nur einmal zu verwenden sind: Die Wurzeln werden entfernt und kommen ungenutzt zum Küchenabfall. Aus Gemüseresten lässt sich jedoch mit ein wenig Aufmerksamkeit und einigen Handgriffen eine vollkommen neue Pflanze ziehen. Als bekanntes österreichisches Gemüse möchte ich gerne das Prinzip von Re-Growing am Beispiel Lauch vorstellen. Diese heimische Gemüsepflanze brate ich am liebsten mit Melanzani im Ofen oder ich verarbeite sie zu einer wärmenden Suppe und genieße sie an windigen Tagen mit Sauerteigbrot.

4 SCHRITTE ZU DEINEM EIGENEN LAUCH AM FENSTERBRETT

1. Lauch abschneiden, sodass ein etwa 5 cm langer Strunk mit Wurzeln überbleibt.
2. Strunk in einem Glas mit lauwarmem Wasser 5-7 Tage an einem hellen Standort stehen lassen. Wasser regelmäßig wechseln: Je wärmer es ist, umso schneller bilden sich neue Wurzeln – optimal ist ein sonniges Fensterbrett.
3. Den Lauch in einen Topf mit Anzuchterde einsetzen, der Strunk sollte aus der Erde herausschauen. Ab jetzt regelmäßig gießen und ein selbst „regrowter" Lauch wird gedeihen!
4. Vom oberen Teil des Lauches immer so viel abschneiden, wie gebraucht wird. Mit ein wenig Aufmerksamkeit, regelmäßigem Gießen und einem hellen Standort für das Lauchpflänzchen, wird es endlos für Sie wachsen und ist zudem eine nette Zimmerpflanze!

Wer einmal verstanden hat, wie vegetative Vermehrung funktioniert, kann mit vielen Salaten, Zwiebeln, Stangensellerie etc. die eigenen Gemüsereste endlos nachwachsen lassen.

ÜBER DIE AUTORIN

Sandra Fuchs schreibt in ihrem Blog namens „Missbumblebeeinthebottom" zum Thema Achtsamkeit, über ihre Liebe zum Kochen und ihren Gemüsegarten, den sie voller Leidenschaft bewirtschaftet.

Bienenwachstücher

Christina Puffer, Studentin an der Hochschule für Umwelt-und Agrarpädagogik

Bienenwachstücher sind eine wunderbare Alternative zu Alufolie oder Frischhaltefolie – ein Stück Baumwollstoff mit Bienenwachs überzogen. Und das Beste: Man kann sie ganz leicht selbst machen.

Man benötigt lediglich Bienenwachs und ein beliebig großes Stück Stoff aus Baumwolle. Qualitativ hochwertiges und nachhaltig gewonnenes Wachs kann man in der lokalen Imkerei, aber auch in gut sortierten Läden kaufen. Für den Stoff eignen sich Bio-Baumwolle oder Stoffreste.

Außerdem braucht man: zwei Blätter Backpapier, ein Bügeleisen sowie eine robuste Unterlage, auf der gebügelt werden kann, z. B. ein Holz-Schneidebrett.

1. Aus dem Stoff ein beliebig großes Stück schneiden. Für ein Pausenbrot ungefähr 30x30 cm.
2. Ein Blatt Backpapier flach auflegen, Stoffstück darauflegen, vom Bienenwachs einige Flocken abschaben und gleichmäßig auf dem Stoff verteilen.
3. Ein zweites Blatt Backpapier darüberlegen und mit dem aufgewärmten Bügeleisen vorsichtig bügeln, sodass sich das Wachs gleichmäßig verteilt. Wenn sich das Wachs durch den Stoff drückt und sich so verteilt hat, dass der Stoff versiegelt ist, ist das Tuch auch schon fast fertig.
4. Zum Trocknen noch kurz flach zur Seite legen. Das Tuch ist bereits nach ein paar Minuten benutzbar.

Nach Gebrauch einfach mit – nicht zu heißem – Wasser und gegebenenfalls Spülmittel abwaschen und wiederverwenden. Wenn das Wachs nach längerem Gebrauch bröselt, kann man einfach noch etwas Wachs – wie oben beschrieben – einarbeiten.

Das Wachstuch eignet sich sowohl für das Verpacken diverser Lebensmittel als auch für das Abdecken von Schüsseln, die z. B. in den Kühlschrank gestellt werden. Durch seine feste, aber elastische Wachsschicht lässt sich das Tuch in unterschiedliche Formen bringen und vielfältig einsetzen. Das Wachstuch ist ideal z. B. für Brot, das damit länger weich und frisch bleibt als in Papiersackerln oder Plastik.[20] Aber auch Wraps, aufgeschnittene Äpfel u. a. kann man damit einwickeln. Definitiv nicht darin verpackt werden sollte rohes Fleisch. Und idealerweise verwendet man für geruchsintensive Lebensmittel, wie Zwiebel oder Käse, ein eigenes Tuch.

Als ich das erste Mal von den Wachstüchern gehört habe, war ich natürlich skeptisch – wie bei fast allem, das ich neu entdecke. Da ich viel unterwegs bin und mir am liebsten mein Essen von daheim mitnehme, habe ich eine Alternative zu Alu- und Frischhaltefolie gesucht. Diese Tücher sind so unfassbar praktisch, vielseitig einsetzbar und einfach zu reinigen – eine Bereicherung für meinen Alltag. Und ich liebe es, dass man sie so einfach selbst machen kann!

Saisonkalender

reif in Österreich
Lagerware in Österreich

Legende: 🟩 = reif in Österreich, 🟦 = Lagerware in Österreich

GEMÜSE	Jänner	Februar	März	April	Mai	Juni	Juli	August	September	Oktober	November	Dezember
Brokkoli						🟩	🟩	🟩	🟩	🟩		
Chinakohl	🟦	🟦						🟩	🟩	🟩	🟦	🟦
Endivien/Frisee							🟩	🟩	🟩	🟩	🟩	🟦
Erbsen						🟩	🟩					
Erdäpfel	🟦	🟦	🟦	🟦	🟦	🟩	🟩	🟩	🟩	🟩	🟦	🟦
Feldgurken						🟩	🟩	🟩	🟩			
Fenchel						🟩	🟩	🟩	🟩	🟩		
Fisolen							🟩	🟩	🟩			
Häuptelsalat					🟩	🟩	🟩	🟩	🟩	🟩		
Jungzwiebel				🟩	🟩	🟩	🟩	🟩	🟩	🟩		
Karfiol						🟩	🟩	🟩	🟩	🟩	🟦	
Karotte	🟦	🟦	🟦	🟦	🟦	🟩	🟩	🟩	🟩	🟦	🟦	🟦
Knoblauch	🟦	🟦	🟦	🟦	🟦	🟦	🟩	🟩	🟦	🟩	🟦	🟦
Kohl	🟦	🟦	🟦	🟦	🟦	🟩	🟩	🟩	🟩	🟩	🟦	🟦
Kohlrabi					🟩	🟩	🟩	🟩	🟩	🟩		
Kohlsprossen	🟩	🟩							🟩	🟩	🟦	🟩
Kürbis	🟦	🟦	🟦					🟩	🟩	🟩	🟦	🟦
Kraut	🟦	🟦	🟦			🟩	🟩	🟩	🟩	🟩	🟦	🟦
Lollo Rosso					🟩	🟩	🟩	🟩	🟩	🟩		
Mais								🟩	🟩			
Mangold					🟩	🟩	🟩	🟩	🟩	🟩		
Melanzani							🟩	🟩	🟩			
Paprika							🟩	🟩	🟩	🟩		
Paradeiser						🟩	🟩	🟩	🟩	🟩		
Pastinaken	🟦	🟦	🟦	🟦					🟩	🟩	🟦	🟦
Petersilienwurzel	🟦	🟦	🟦	🟦	🟦	🟦			🟩	🟩	🟦	🟦

Legend: **G** = Saison (grün), **L** = Lager (blau)

	Jänner	Februar	März	April	Mai	Juni	Juli	August	September	Oktober	November	Dezember
Porree	G	L	L	L		G	G	G	G	G	G	G
Radicchio									G	G		
Radieschen				G	G	G	G	G	G	G		
Rharbarber				G	G	G						
Rote Rübe	L	L	L	L	G	G	G	G	G	G	L	L
Rucola				G	G	G	G	G	G	G	G	
Sellerie	L	L	L	G	G	G	G	G	G	G	L	L
Spargel				G	G	G						
Spinat				G	G	G			G	G	G	
Stangensellerie						G	G	G	G	G		
Süßkartoffel	L								L	L	L	L
Vogerlsalat	G	G	G	G					G	G	G	G
Zucchini						G	G	G	G	G		
Zwiebel	L	L	L	L		G	G	G	G	L	L	L

OBST

	Jänner	Februar	März	April	Mai	Juni	Juli	August	September	Oktober	November	Dezember
Äpfel	L	L	L	L			G	G	G	G	L	L
Birnen	L	L					G	G	G	G	L	L
Brombeeren							G	G	G	G		
Erdbeeren					G	G						
Hagebutten	G									G	G	G
Himbeeren						G	G	G	G	G		
Heidelbeeren							G	G	G			
Kirschen						G	G					
Marillen							G	G				
Pfirsiche							G	G	G			
Quitten										G		
Weintrauben									G	G		
Zwetschken								G	G			

Der Saisonkalender basiert auf den Recherchen und Angaben von DIE UMWELTBERATUNG.

Quellenverzeichnis

1 **Vereinte Nationen:** www.un.org/sustainabledevelopment/sustainable-development-goals

2 **The EAT-Lancet Commission on Food, Planet, Health:** www.eatforum.org/content/up-loads/2019/07/EAT Lancet_Commission_Summary_Report.pdf

3 Die Grafik wurde von EAT erstellt. Zu finden im: **Summary Report of the EAT-Lancet Commission**, der **Zusammenfassung von „Food in the Anthropocene: the EAT-Lancet Commission on healthy diets from sustainable food systems."**
Nähere Infos zur EAT-Lancet-Kommission unter: www.eatforum.org/eat-lancet-commission

4 **Sozialministerium:** www.sozialministerium.at/site/Gesundheit/VerbraucherInnengesundheit/VerbraucherInnengesundheit/Die_14_wichtigsten_Allergene

5 Die neue Studie der Intergovernmental Panel on Climate Change schätzt den Anteil der globalen Landwirtschaft und Lebensmittelproduktion auf bis zu 37 %. IPCC (2019): **Climate Change and Land.** An IPCC Special Report on climate change, desertification, land degradation, sustainable land management, food security, and greenhouse gas fluxes in terrestrial ecosystems.

6 **Basisverordnung 834/2007 und Durchführungsbestimmungen 889/2008.** Nähere Infos: Kommunikationsplattform Verbrauchergesundheit: www.verbrauchergesundheit.gv.at/lebensmittel/rechtsvorschriften/eu/bio_recht_eu.html

7 Nähere Infos zu **Lebensmittelgütezeichen:** www.konsument.at/guetezeichen

8 Müller, A.; Schader, C. et al. (2017): **Strategies for feeding the world more sustainably with organic agriculture.** Nature Communications 8: 1290

9 Nähere Infos zum **biologischen Anbau** im Beitrag „Hier ist alles bio(logisch)"

10 **Food and Agriculture Organization of the United Nations:** www.fao.org/home/en/

11 **Biokisten:** Abonnements mit saisonalen Obst und Gemüse in Bio-Qualität, in der Regel werden sie direkt nach Hause zugestellt.

12 **Food Cooperative** (Deutsch: Lebensmittelkooperative) ist der Zusammenschluss von Personen und Haushalten, die selbstorganisiert biologische Produkte direkt von lokalen Bauernhöfen, Gärtnereien, Imkereien etc. beziehen.

13 Nähere Infos zum Thema: www.umweltberatung.at/foodcoops-lebensmittelkooperativen

14 **„Achtung: Heiß und fettig – Klima & Ernährung in Österreich. Auswirkungen der österreichischen Ernährung auf das Klima"** (WWF, 2015)

15 **Hunger auf Land.** Flächenverbrauch der österreichischen Ernährung im In- und Ausland (WWF, 2016)

16 **„Bio, gesund und leistbar – geht das? Auswirkungen eines geänderten Einkaufsverhaltens auf Kosten und Klimawandel"** (FiBL im Auftrag des WWF, 2019)

17 **Rezepteseite von DIE UMWELTBERATUNG für andere Köstlichkeiten aus Resten:** www.umweltberatung.at/mit-restln-geld-sparen

18 **WWF Deutschland:** www.wwf.de/aktiv-werden/tipps-fuer-den-alltag/haushalt-und-gesundheit/kochen-backen/

19 **Lebensmittel-Lexikon** von DIE UMWELTBERATUNG: www.umweltberatung.at/einkorn-das-zarte-getreidekorn

20 **Norddeutscher Rundfunk:** www.ndr.de/ratgeber/gesundheit/So-bleibt-Brot-lange-frisch-,brot322.html

Danksagung

Ein besonderer Dank gilt den zahlreichen Menschen, die ihre klimafreundlichen Rezepte und cleveren Tipps zur Verfügung gestellt haben. Ohne sie würde es dieses Buch nicht geben!

Ganz herzlich danken wir allen Beteiligten an der Höheren Bundeslehranstalt für Tourismus und wirtschaftliche Berufe Bergheidengasse:

- der Direktorin Prof. Mag. Anita Petschning sowie Martin Widemann BEd. MA, dem Fachvorstand für Tourismus, für ihre Bereitschaft, sich – ungeachtet all der anderen Projekte an der Schule – auf diese Zusammenarbeit einzulassen.
- den Schülerinnen und Schülern der Klassen 2 HTA, 2 HTB, 2 HHC, 2 HHD an der HLTW13 Bergheidengasse und ihren beiden Fachlehrern Dipl. Päd. Alexander Höss-Knakal und Mario Kisielewski, die die Rezepte im Unterricht gewissenhaft nachgekocht und für die Fotos schmackhaft präsentiert haben.

Wir danken der Foodfotografin Sonja Priller, die die Gerichte mit dem richtigen Maß an Präzision, viel Gefühl für die perfekte Stimmung und einer Prise Pfiff abgelichtet hat. Ein großes Danke ergeht an Irmgard Stelzer für ihre kreativen Ideen und die umsichtige Arbeitsweise im Layout. Irmgard Stelzer, Sonja Priller und alle oben genannten KöchInnen sind wahre KünstlerInnen!

Für ihr großes Engagement und ihre Zeit danken wir auch den Expertinnen Helene Glatter-Götz MSc (WWF Österreich), Mag.ᵃ Gabriele Homolka (DIE UMWELTBERATUNG) und Dr.ⁱⁿ Theres Rathmanner (Forschungsinstitut für biologischen Landbau). Sie haben nicht nur in einer mehrstündigen Sitzung mit uns gemeinsam die wichtigsten Kriterien für klimafreundliche Gerichte erarbeitet, sondern darüber hinaus – wie auch DI Reinhard Geßl (Forschungsinstitut für biologischen Landbau) und Olivia Herzog MSc (WWF Austria) – ihr fundiertes Wissen in Interviews mit uns geteilt.

Die Qual der Wahl hatten unsere Jurorinnen und Juroren, die sich auf die Rezepte für unser Kochbuch einigen mussten. Für ihre Zeit und ihre vielfältigen Beiträge sei ihnen an dieser Stelle gedankt: Mag.ᵃ Andrea Fičala (esswerk), Dr. Peter Iwaniewicz (Bundesministerium für Nachhaltigkeit und Tourismus), Mag.ᵃ Andrea Vaz-König (Geschäftsführerin des dehli bluem), Thomas Weber (Herausgeber von BIORAMA. Magazin für nachhaltigen Lebensstil) und Mag.ᵃ Rosemarie Zehetgruber (gutessen consulting).

Nicht zuletzt danken wir auch den sehr experimentierfreudigen Autorinnen ausgewählter Beiträge im Kapitel „Selbst gehext & eingekocht": Sandra Fuchs, Franziska Polsterer und Christina Puffer.

Sie alle haben dazu beigetragen, dass dieses Koch- und Lesebuch zu einem partizipativen Projekt wurde – ganz im Sinne des UN-Nachhaltigkeitsziels 17 „Partnerschaften zur Erreichung der Ziele".

Impressum

HERAUSGEBER UND MEDIENINHABER
Umweltdachverband GmbH
Strozzigasse 10/8-9, 1080 Wien
Tel.: +43/1/401 13
www.umweltdachverband.at

IM AUFTRAG DES

Bundesministerium
Nachhaltigkeit und
Tourismus

VERLEGER UND BEZUGSADRESSE:
FORUM Umweltbildung
Strozzigasse 10/8–9, 1080 Wien
Tel: +43/1/402 47 01
E-Mail: forum@umweltbildung.at
www.umweltbildung.at
Das FORUM Umweltbildung ist eine Initiative des Bundesministeriums für Nachhaltigkeit und Tourismus und des Bundesministeriums für Bildung, Wissenschaft und Forschung. Projektträger: Umweltdachverband GmbH

REDAKTION: Corinna Domenig, Rebecca Zeilinger
AUTORINNEN DER TEXTE: Monika Domenig, Sandra Fuchs, Franziska Polsterer, Christina Puffer, Rebecca Zeilinger
REZEPTE: AutorInnen bei den Rezepten
LEKTORAT: Corinna Domenig, Rebecca Zeilinger
FOTONACHWEIS: Sonja Priller, so nicht anders angegeben
FOODSTYLING: Alexander Höss-Knakal und Mario Kisielewski sowie die SchülerInnen der Klassen 2 HTA, 2 HTB, 2 HHC und 2 HHD der HLTW13 Bergheidengasse
LAYOUT: Irmgard Stelzer irm-art.com
ILLUSTRATIONEN: Irmgard Stelzer, so nicht anders angegeben
DRUCK: Druckerei Janetschek GmbH

gedruckt nach der Richtlinie „Druckerzeugnisse" des Österreichischen Umweltzeichens
Druckerei Janetschek GmbH · UW-Nr. 637

ISBN-Nummer: 978-3-900717-94-0

Wien, Oktober 2019
1. Auflage, im Auftrag des BMNT